禅与心理分析

［日］铃木大拙 ［美］弗洛姆 / 著
孟祥森 / 译

海南出版社
· 海口 ·

ZEN Buddhism and Psychoanalysis
by Erich Fromm, D. T. Suzuki and Richard de Martino

版权合同登记号：图字：30-2024-041 号
图书在版编目（CIP）数据
禅与心理分析 /（日）铃木大拙，（美）弗洛姆著；孟祥森译 .
-- 海口：海南出版社，2012. 7 (2025. 5 重印).
书名原文：ZEN Buddhism and Psychoanalysis
ISBN 978-7-5443-4399-2
Ⅰ. ①禅… Ⅱ. ①铃… ②弗… ③马… ④孟… Ⅲ. ①禅宗 – 研究 ②精神分析
Ⅳ. ① B946.5 ② B841
中国版本图书馆 CIP 数据核字 (2012) 第 128525 号

禅与心理分析
CHAN YU XINLI FENXI

作　　者：［日］铃木大拙［美］弗洛姆
译　　者：孟祥森
责任编辑：张　雪
责任印制：郄亚喃
印刷装订：三河市祥达印刷包装有限公司
读者服务：张西贝佳
出版发行：海南出版社
总社地址：海口市金盘开发区建设三横路 2 号
邮　　编：570216
北京地址：北京市朝阳区黄厂路 3 号院 7 号楼 101 室
电　　话：0898-66830929　010-64828814-602
电子邮箱：hnbook@263.net
经　　销：全国新华书店
版　　次：2012 年 7 月第 1 版
印　　次：2025 年 5 月第 5 次印刷
开　　本：787mm × 1092mm　1/16
印　　张：13.25
字　　数：155 千
书　　号：ISBN 978-7-5443-4399-2
定　　价：49.00 元

我的学识渊博的朋友——前日本京都大谷大学教授铃木大拙博士，近30年来，一直都在做着向西方人士解说和介绍禅的工作……作为他的一个朋友和研究中国思想的历史学者，我一直以热烈的兴趣注视着铃木的著作。

——胡适　一代文化巨匠

前言

这本《禅与心理分析》的缘起，是1957年8月在墨西哥库埃纳瓦卡的一次座谈会——这个座谈会为期一周，由墨西哥国立自治大学心理分析学系赞助[①]。

任何心理学家，当他发现他的同事们对一种像禅宗这样的“神秘”宗教体系感兴趣时，都会极为惊奇或者震惊。但是如果他知道大部分参加此次座谈的人，不但对这个神秘宗教体系感兴趣，而且深为关心，则他必将更为惊奇。这些人，在同铃木大拙博士及其理念相处一周之后，从最低限度说，也受到非常清新与激发性的影响。

这一项改变，其原因本书将做说明——特别是在我的

① 参加这个座谈会的是墨西哥和美国约五十名精神病学家和心理学家（大部分是心理分析学家），除去本书中的三篇演讲词之外，还有另外一些演讲和讨论（因限篇幅，此处略去）。

在这本书中，我们只发表了与禅直接有关的三篇演讲词，部分原因是版面关系，部分原因是其他的演讲词，如果不把伴同的讨论一起发表，读者将会觉得不够连贯。

文章中。把它们归总起来说，在于心理分析理论的发展，在于西方世界的智力与精神气象的变化，在于铃木大拙博士的贡献——由于他的著作、讲座和他的人格，业已使西方世界对禅有所认识。

我想参加这次座谈的每位人士，正像读这本书的人一样，对铃木大拙博士的著作多少有所知悉。但本书所发表的讲词与铃木大拙博士其他著作的不同之处，在于此处特别讨论心理学方面的问题，诸如无意识、自我等；并且，他的演讲所发表的对象，是一组少数的心理分析家与心理学家，他们关心的问题，在一个星期交谈讨论的时间，都会向铃木博士提出。因此，我相信，这些讲座对于精神病学家、心理学家和许多关心人性问题的有思想的人，一定有其特殊的价值，因为，尽管它们读起来并不“容易”，却会使读者对禅宗有一定程度的了解，俾使他能够继续他自己对禅的认识。

这本书中另两篇文章几乎无须说明。我唯一须提到的是，虽则铃木博士与马蒂诺博士的文章几乎完全保持座谈会时的原样（铃木博士仅把演讲词的形式改为文章的形式），我的部分则完全修订过，在长度和内容上皆是如此。修订的原因主要是座谈会使然。对于禅宗的文字我以前虽有所知悉，但座谈会给我的启发以及随后的思考，导致内容有相当的扩充，以及理念上有相当的修订。这不只就我对禅的领会方面是如此，并且就某些心理分析概念方面亦是如此，诸如，无意识之构成的问题、由无意识转入意识的问题，以及心理分析治疗的目的之问题等。

埃里希·弗洛姆

目录

第一篇

禅学讲座

铃木大拙

禅

一、东方与西方

西方许多深湛的思想家，都从他特定的观点讨论过这个历时悠久的题材——“东方与西方”；但是就我所知，东方的作家都是以东方人的身份来阐述他们观点的相较之下为数不多。这件事情使我选了现在这个题目，作为初步的讲题。

芭蕉（1644—1694）是 17 世纪日本一位伟大的诗人，有一次他写了一首十七音节的诗，这种诗称作俳句。如果我们把它翻译成英文似乎是这样的：

When I look carefully
I see the nazuna blooming
By the hedge !

よく见れほ

荠花咲く
垣根かな！

当我细细看
啊，一棵荠花
开在篱墙边！

这很像是芭蕉在一条乡村道路上散步，那时他注意到有个什么东西几乎是被篱墙挡住了。于是他走近一些，仔细看了看，发现它不过是一枝野生的花，很不引人注目，而且也总是被路人忽略的。这是一个平凡的事实，在诗里边描绘着，而没有带着任何特别的诗情，除非是在最后两个音节中，这两个音节，日文念做 kana。这个感叹词通常是跟一个名词或形容词或副词连在一起，来表示某种羡慕、赞美、忧伤或喜悦的情感，它也可以用英文中的感叹号来表示。在现在这一首俳句中，整首诗就以这个感叹号为结束。

贯穿在这十七个音节，或者，宁可说是十五个音节，而以感叹号为结束的这首诗，其中的情感对于那些不懂日文的人是很难说明的，但我要尽量试试看。这位诗人可能不同意我的解释，但是只要我们知道至少会有一两个人，以我所了解的方式去了解这首诗，那也就没有多大关系了。

芭蕉是一位自然诗人，正如大部分东方诗人那样。他们爱自然爱得如此深切，以至他们觉得同自然是一体的，他们能感觉到自然的血脉中所跳动的每个脉搏。大部分西方人则易于把他们自己同自然疏离。他们认为人同自然除了与欲望有关的方面之外，没有什么相同之处，自然的存在只是为了让人利用而已。但对东方人来说，他们同自然却是非常密切的。当芭蕉在那偏远的乡村道路上的陈旧破损的篱墙边，发现了这一枝不显目的、几乎被人忽视的野草开放着花朵时，他就激起了这个情感。这朵小花是如此纯朴，如此不矫作，没有一点想引人注意的意念。然而，当你看它的时候，它是多么温柔，充满了多么圣洁的荣华，要比所罗门的荣华更为灿烂！正是它的谦卑、它的含蓄的美，唤起了人们真诚的赞叹。这位诗人在每一片花瓣上都见到生命或存在的最深神秘。芭蕉可能自己并没有意识到这个，但是我可以确定，在那个时候他心里跳动的一种情感，颇为近似于基督徒所称为的神圣之爱，这种爱延伸至宇宙生命的最深处。

喜马拉雅山脉可以激起庄严的敬畏，太平洋的波涛可以引起人的无限之感。但是当一个人的心灵诗意地或神秘地张开，他就像芭蕉一样，觉得在每一片野草的叶子上都有着一种真正超乎所有贪欲的、卑下的人类情感的东西，这个东西将人提升到一个领域，这个领域的光华犹如净界那样。在这种情况中，庞大壮丽是与之无关的。在这一方面，这位日本诗人有其特殊的禀赋，在微小的事物上发现伟大，而超乎所有数与量的尺度。

这是东方。现在让我看看，在相似的情况之下，西方所提供的例子。我选了丁尼生（Tennyson）。他可能不是一个典型的可以举出来同远东诗人相比较的西方诗人。但是下面这一首短诗，却与芭蕉所作的十分相近。他的诗如下：

Flower in the crannied wall,
I pluck you out of the crannies;
Hold you here, root and all, in my hand,

Little flower–but if I could understand What you are,
root and all，and all in all,
I should know what God and man is.

墙上的花，
我把你从裂缝中拔下；
握在掌中，拿到此处，连根带花，
小小的花——如果我能了解你是什么，
一切一切，连根带花，
我就能够知道神是什么，
人是什么。

在这一首诗中，有两点是我想提醒各位留意的：

1. 丁尼生把花拔下，握在他的手中，“连根带花”看着它，或许是有意地看着它。很可能他同芭蕉在路边篱墙发现一枝荠花时，有着近似的情感。但是两个诗人不同的地方在于，芭蕉并不把花拔下来，他只是看它，他沉湎在默想中。他在心中感觉到某种东西，但是他并不把它表示出来。他只让一个感叹号来说他想说的一切。因为他无话可说，他的感觉太丰富、太深沉了，而他没有愿望去把它概念化。

至于丁尼生，他则是活动的与分析性的。他先把花从它所生长的地方拔下来。他把它从它相属的土地分离。同那位东方诗人十分不同，他并不让花自己去过它的生活。他一定要把它从墙的裂缝中拔下来，“连根带花”，而这意味着植物一定会死。显然他并不顾花的生命目的，但他的好奇心必须满足。就如同某些医学家一样，他要把花活体解剖。芭蕉甚至未曾碰到那荠花，他只是看着它，他“细细”看着它——这是他全部所做的。他是全然不活动的，这与丁尼生的活动性是一个很好的对比。

在此我特别愿意提到这一点，并且，以后还会有机会再提到它。东方是沉默的，而西方则滔滔善辩。但东方的沉默并不就是意味着喑哑和无言无语。沉默在许多情况中是与多言一般善辩的。西方喜欢语言表现。不仅如此，西方还把语言文字变为血肉，并使得这个血肉在它的艺术和宗教上变得过为显著，或者毋宁说过为浓艳、淫逸。

2. 丁尼生下一步做的是什么？看着拔下来的花，这朵花很可能已经开始枯萎。他在自己心里提出这个问题：“我了解你吗？”芭蕉却根本不是好追根问底的，他感觉到了那朵卑微的荠花所启示的一切神秘——那深深地伸入所有的存在之渊源的神秘，他沉醉在这种情感中，而以一种无可说的、无可闻的呼喊喊出来。

与此相反，丁尼生则继续他的智力行为：“如果我能了解你是什么，我就能够知道神是什么，人是什么。”他之诉诸理解，是西方典型的行为。芭蕉接受，丁尼生排斥。丁尼生个人的人格是同花分开的，同“神和人”分开的。他既没有把自己和神相认同，也没有和自然相认同。他总是同它们分开的。他的理解是今日人们所称的“科学客观的”理解。芭蕉则是彻底“主观的”（这不是一个很好的用词，因为主观总是被认作和客观相对立的，我在这用的“主观”一词则是我想称为的“绝对主观”的东西）。芭蕉即是处在这种“绝对主观”中，在其中芭蕉看到荠花，而荠花看到芭蕉。在此处并不是所谓移情或共鸣，或两者之融合。

芭蕉说“细细看”（在日语中念做“Yoku mireba”）。“细细”

这两个字表明芭蕉在此处已不再是一个观望者，因为花开始意识到它自己，而静静地、滔滔地表白它自己。花的这种静默的雄辩或雄辩的静默，在芭蕉的十七个音节中间响着。这其中有着多么深邃的情感，有着多么神秘的言辞甚至何等的“绝对主观性”哲学，也只有那真正完全体会过这些的人才能领会。

丁尼生，就我所见，第一点，他没有感情的深度；他全然是智力的、典型的西方心态。他是理性主义的代表。他一定得说一些什么，他一定得把他的具体经验抽象化或智性化。他一定要从感觉的领域出来，到智性的领域，他一定得把生活与感受置于一套分析之下，以满足西方追根究底的精神。

我选了这两个诗人——芭蕉和丁尼生，作为趋近事实的两种基本态度的代表。芭蕉代表东方，丁尼生代表西方。当我们把他们做比较时，我们发现两人各自表明了他们的传统背景，依照这个背景，西方的心灵是：分析的、分辨的、分别的、归纳的、个体化的、智化的、客观的、科学的、普遍化的、概念化的、体系的、非人性的、合法化的、组织化的、应用权力的、自我中心的、倾向于把自己的意志加在他人、他物身上的等。与这些西方的特点相对，东方的特点则可以述之如下：综合的、整体化的、合一的、不区分的、演绎的、非体系的、独断的、直观的（或者宁可说是情意的）、非推论的、主观的、精神上个体化的而社会上则是群体心理[①]的等。

如果要把西方与东方的这些特点用个人来象征，则我必须提到老

---

① 基督徒把教会认作是拯救的中介，因为教会象征了基督，而后者是拯救者。基督徒不是个人独自同上帝相关，而是通过基督；而基督是教会，并且教会是他们聚集在一起的处所，让他们经由基督向上帝祈求拯救。就这一点而言，基督徒是群体心灵的，但就社会意义而言，他们采用个人主义。

子（公元前 4 世纪）——中国古代的伟大思想家。我把他认作是东方的代表，而他所称为的“民”则可以代表西方。当我将“民”用来形容西方，我并没有这位老哲学家用这个字时所含有的贬抑意义。

老子把他自己描绘为类似一个愚者。看起来就好像他什么也不知道，对什么事情也没有感觉。在这个功利世界中，他是一点用处也没有。他几乎是无话可说的。然而却有着一些什么，使他和一个无知的呆子不大相同，他只是外表上像一个呆子。

西方人则与此相反，他有一双锐利的、看穿一切的眼睛，深深嵌在眼窝里，像翱翔在高空的老鹰一样，侦察着外在的世界（事实上鹰是某个西方国家的国徽）。然后是他的高鼻子，他的薄嘴唇，他的整个面部表情——所有这些都显示着高度发达的智力，以及行动的准备。这种准备状态可以比之于狮子。事实上，狮子和老鹰是西方的象征。

公元前 3 世纪的庄子，讲述过一个关于混沌的故事。混沌的朋友们受了他很多恩惠，而希望报答他。他们就互相商量而得到一个结论。他们留意到混沌没有感觉器官，来分辨外在的世界。有一天他们给他凿了眼睛，第二天又给他凿了鼻子，这样一个星期之内，他们把他变成了像他们自己一样有感觉的人。然而，当他们为了自己的成功而互相庆祝的时候，混沌却死了。

东方是混沌，西方则是那些好意的、感恩的，却不知当与不当的朋友。

在许多方面，东方人无疑都显得暗哑而愚笨，因为东方人不是善于分辨和证明的，而且没有显示出如此之多明白可见的智力。他们是混沌的，而显得冷漠。但是他们知道，如果没有这种智力上的混沌性格，他们的智力本身是不能够在人道方式的共同生活中，具有这么大的用途的。各个个体若不是把他们自身同无限相关，就不能够和谐而和平地在一起工作；这个无限，事实上是在每个有限的个体之下作为其基础的。智力属于头脑，它的工作较为令人注目，并且它可以完成很多事物，而混沌则在所有表面的动荡之下保持沉默与安静。它的真正意义从未浮现出来，让各个分子得以认知。

具有科学头脑的西方人，把他们的智力应用在他们各式各样的玩意儿上，来提高生活水准，并省却他们所认为不必要的劳力或贱役。因此他们努力“开发”他们所能够接近的自然资源。东方人呢，则不在意去做各式各样的手工或下贱工作，他们显然满足于“未开发的”文明状态，他们不喜欢做机械头脑的人，不喜欢把自己变成机械的奴隶。对于工作的喜爱或许是东方人的特点。庄子有一则关于农夫的故事，在许多方面有其高度的意义，尽管故事中所讲的事情是发生在两千年以前的中国。

庄子是中国古代最伟大的哲学家之一，我们需要对他进行更多的研究。中国人不像印度人那样善于思辨，因此易于忽视了他们自己的思想家。在中国的文人中，庄子的文体虽然最被推崇，他的思想却未得到所应得的评价。对那个时代流行着的故事，他是一个很好的收集者和记述者。然而，很可能他也发明了许多故事，来说明他的人生观。下面的一个故事，生动地描绘出庄子的工作哲学，那是一个农夫拒绝用桔槔[①]从井里提水的故事。

> 一个农夫挖了一口井，要用来灌田。他用一个桶从井里提水，就像大部分古代人一样。一个路人走过，说：“你为什么

---

① 桔槔：横木的一端有水桶，另一端缚以重物以汲水。见《庄子·天地篇》。

不用桔槔？那是比较省力的，而且能够做比较多的工作。”农夫说：“我知道它省力，正是因为这个原因，我才不用它。我所怕的是用这样一个巧机关，人的心会变得像机械。机巧心使人散漫怠惰。”

西方人常常惊奇为什么中国人没有发明更多的机器。他们说，这是很奇怪的，因为中国人曾经有过许多的发明与发现，诸如磁铁、火药、轮子、纸，还有其他许多东西。主要的原因是，中国人以及其他亚洲人喜爱为了生活而生活，而不想把它变成完成另外某些事情的手段，因为这样会把生活转入一个完全不同的轨道。他们喜欢工作，是为了工作自身，尽管从客观上来说，工作意味着完成某件事。但是当工作的时候，他们享受着工作，而并不急急忙忙想把它完成。机械设计比手工要远为有效，并且完成得更快。但机械是非人性的、非创造性的，而因此没有意义。

机械化作用意味着智化作用，而由于智力最主要是讲求功利的，因此，在机械中没有精神上的美感或伦理精神。庄子故事中的农夫不要机巧心灵，其原因就在此处。机器催促人把工作完成，而达到外在客观的目的。事实上机器就是为这个目的而造。工作或劳力除了是一种手段之外，其本身不再有任何价值。这就是说，这样的生活丧失了它的创造性，而变成了工具，人则变成了制造货物的机器。哲学家们谈论着人的意义；但是在我们现在高度工业化和机械化的时代，机械已变成了一切，而人几乎完全降低到奴隶身份。这个，我想，正是庄子所惧怕的。当然我们不能把工业的轮子转回到原始手工业时代。但是，我们却很应该留意到手的意义，以及现代生活中的机械化作用所产生的弊病，现代生活中的这种机械作用过分着重智力，而以整个生活作为代价。

东方就说到此处，现在略说几句关于西方的话。丹尼斯·杜·卢基蒙（Denis de Rougemont）在他的《人类的西方探索》（*Man's Western Quest*）一书中，认为“人和机械”是西方文化两个主要特征。这是很有意义的，因为人和机械是两个互相冲突的概念，而西方则艰苦地奋斗着要达成两者的谐和。我不知道西方人这样做是有意识的还是无意识的。我只是想说一说这两个相异的理念，如何影响着现在西方人的心灵。值得留意的是，机械同庄子的工作哲学或劳力哲学相对，而西方个人自由和责任的理念与东方的绝对自由理念背道而驰。我不想在这里做详细说明。我只想把西方现在所面临的或因此痛苦的诸种冲突，做提纲式的说明：

1. 人同机械构成了一种冲突，而由于这种冲突，西方经历着巨大的心理紧张，这在它现在的生活中各个不同的方面表现出来。

2. 人包含着个人性、个人责任，而机械则是智力作用、抽象作用、一般化作用、整体化作用、群体生活的产品。

3. 从客观上或智力上或就机巧心灵来讲，个人责任是没有意义的。就逻辑意义来说，责任与自由相关，但在逻辑中并没有自由，因为每一件事情都被三段论法的严格规律所控制。

4. 况且，人是生物，受生物学的律例所统治。遗传是事实，而没有人可以改变它。我生下来并不是出于我的自由意志，父母生我也不是由于他们的自由意志。计划生育就事实来讲是没有意义的。

5. 自由是另一个无聊的理念。我过着社会性的生活，生活在群体里，而后者限制着我所有的行动，不论是心灵的或是肉体的。即使当我独处，我仍旧完全不自由。我有着各种冲动，它们并不是总在我的控制之下。有些冲动违背着我的意思，使我去做某些行动。

只要我们居住在这个受限制的世界，我们就根本谈不上自由，或做我们愿望的事情。甚至于这个愿望也不是属于我们自己的。

6. 人可以谈论自由，但是机械却处处限制他，因为谈论并不能越出谈论的范围。西方人一开始就是受局限和禁止的。他的自发性根本不是他自己的，而是机械的自发性。机械没有创造性，它运作，只是由于或依照放进它里边的某种东西，使得它的运作成为可能。它从不以“人”的身份行动。

7. 人唯有当他不再是一个人时才能自由。当他否定自己并融入整体，他才是自由的。更确切地说，当他是自己而又不是自己时，他才是自由的。只有当一个人彻底了解这个看来显然的矛盾，他才有资格谈论自由、责任或自发性。比如说，某些西方人，特别是某些心理分析学家，所谈论的自发性，不多不少正是幼童的或动物的自发性，而不是充分成熟的人的自发性。

8. 机械、心理学上的行为主义、条件反应、人工授精、各种各样的自动机化作用、活体解剖、氢弹——所有这些都是密切相连的，从而铸造出一个紧密焊接的固体逻辑锁链。

9. 西方致力于变圆为方，东方则致力于使圆等于方。对于禅来说，圆是圆，方是方，而同时方是圆，圆是方。

10. 自由是一个主观的词，不能被客观加以解释。当我们试着那样做，我们就一定会陷入纠缠不清的矛盾中。因此，我说，在重重环绕着我们的种种限制所构成的客观世界中来谈论自由，毫无意义。

11. 在西方，“是”是“是”，“否”是“否”，“是”永不可以是“否”，反之亦然。东方则使“是”滑入“否”，使“否”滑入“是”，在“是”与“否”之间没有严谨而生硬的区分。这在生命的本性中即是如此的。逻辑是人造的，用来协助功利性质的活动。

12. 当西方认识到这一个事实，并且无法解释某些物理现象的时候，它就发明了一些诸如物理学上的补充原理，或不确定原理。然而，不论它能够创造出多少个概念，它都不能够完全包括已存在的诸种事实。

13. 此处我们所要讨论的并不关涉到宗教，但做如下的简短比较，仍旧不是无趣的：基督教——这西方的宗教——所论说的是道、肉身和道成肉身，以及风雨般的无常世事。东方的宗教则致力于肉身成道、无言、一心不乱、永久的平和。就禅来说，道成肉身就是肉身成道，沉默彻响如雷，道是非道，肉身是非肉身，此时此地等于空（śūnyatā）与无限。

二、禅中的无意识

“无意识”一词，我所指的含义，可能和心理分析家不同，我必须把我的立场解释一下。对无意识的问题我所采取的是什么态度呢？假如我可以用“无意识”这个词，我得说，我的“无意识”是“后科学的”或“前科学的”。你们各位都是科学家，而我是一个禅者，我的态度是“前科学的”——有时我怕甚至是“反科学的”。“前科学的”不是一个恰当的用词，但它似乎表达了我所希望要它表达的。“后科学的”也不算坏，因为禅是在科学或智化作用占据了整个人类研讨领域一段时期之后发展起来的；而禅要求我们，在无条件地把人类活动整个领域交给科学全权统治之前，我们必须停下脚步，在自己心里反省，看看事物是否像它们所应当的样子完好无病。

在对于实物的研究上，科学的方法从所谓的客观观点来看一个物体（对象）。譬如说，设如这桌子上的一朵花是科学研究的对象。科学家们会把它施诸各种各样的分析，植物学的、化学的、物理学的，等等；并把他们从各自研究角度所得关于花的知识告诉我们，并且说，对于花的研究已经尽了，不再有其他事情可述——除非是在其他研究中，偶然还有新的发现。

因此，科学对于实体研究的主要特征，是去描绘一个物体，是谈论关于它的种种，是围着它转，是把吸引我们的感官与智力的任何东西抓住，并把它从物体本身抽离出来，而当所有这些都被认为已经完成，再把所有这些由分析而来的抽象所得物加以综合，而把其结果认作是物体本身。

但这个问题仍旧存在："那整个物体真正已经被罩在网里了吗？"我要说："断然没有！"因为我们以为我们所捉住的那个物体，只不过是种种抽象的总和，而不是物体本身。就实际而功利的目的而言，所有这些所谓的科学抽象物，似乎已经绰绰有余。但是，那所谓的物体却根本不在此处。当我们把网拉上来，我们发现某些东西业已从精致的网缝中溜失。

然而对于实体还有另外一种趋近的方法，是先于科学的，或者是后于科学的。我称它为禅的趋近法。

1

禅的趋近法，是直接进入物体本身，可以说是从它里边来看它。去认知这朵花乃是变成这朵花，去做这朵花，如这朵花一般开放，去享受阳光以及雨泽。当我这样做，花就对我说话，而我知道了它所有的秘密、所有的喜悦、所有的痛苦；这就是说，我知道了在它之内所脉动着的全部生命。不只如此，伴同着我对这朵花的“知识”，我知道了宇宙所有的秘密，而在其中也包括了我的自我的秘密，这个秘密到现在为止，一直逃开了我所有的追求，这是因为我把自己分成为两个——追求者与被追求者、物体与影子，何况我永远未能抓住我的自我，而这种游戏又是何等耗尽心力！

然而，现在由于对花的认知，我知道了我的自我。这即是说，由于我把自己失却在花中，我知道了花以及我的自我。

我把这种对实体的趋近法称为禅的方法，是“前科学”的或“后科学”的，或甚至是“反科学”的方法。

这种认知实体或看实体的方法，也可以称之为意志的或创造性的方法。科学的方法是把物体屠杀，把尸体分解，然后再把各部分合并，由此想把原来活活的生命重造出来，而这实际是完全不可能的；禅的方法则是把生命按它所生活的样子来感受，而不是把它劈成碎片，再企图用智力的方法拼合出它的生命，或者用抽象的方法把破碎的片断粘在一起。禅的方式是把生命保存为生命，不用外科手术刀去触及它。禅的诗人唱着：

让一切保留她自然的美貌，
她的皮肤未经手触，
她的骨骼未被撼摇，
无须施朱，无须敷粉，
她就是她，多么奇妙！

科学所处理的是抽象物，在其中没有活动。禅则把自己投入创造的渊源中，而饮取其中所蕴含的一切生命。这个渊源乃是禅的无意识。然而，花并无意识于它自己，是我把它从无意识中唤醒。当丁尼生把它从墙的裂缝中拔下，他便失却了它。芭蕉，当细细看着野篱墙边那羞赧开放着的荠花，就得到了它。我无法说明，那无意识确当是在何处。是在我里面？还是在花里面？或许，当我问“何处”，它何处都不在。设若如此，让我就在里边，而什么都不说。

科学家谋杀，艺术家重创。后者知道由分解是不能达到实体的。因此他用画布、画笔与颜料，来试图从他的无意识中创造出来。当这个无意识真挚而诚实地将自己同宇宙无意识相认同，艺术家的创作便是真挚的。他真真实实地创造了某种东西，他的作品不是任何东西的抄袭，它是因自己而存在的。他画一朵花，而设若这朵花是从他的无意识中开放出来，它就是一朵新的花，而不是一个自然物的模仿。

某一位禅寺的住持，想在法殿的天花板上画一条龙。他请一位知名的画家担任这份工作。后者答应了，但抱怨说他从未看过真正的龙，即使真正有过这种东西。住持说：“不要在意有没有看过这种东西。你自己变成一条活生生的龙，并把它画出来。不要照着陈腔滥调的方式。”

画家说：“我怎么能变成一条龙呢？”住持回答：“你回到你的屋子去，把你的心意集中在上面。你觉得非画不可的时间将会到来。那时，就是你变成了龙，而龙催促着你，为它赋形。”

这位艺术家遵照住持的话，经过几个月的坚持努力，而变得有信心，因为他在他的无意识中见到了自己化身为龙。其结果就是我们今日在京都妙心寺法殿所见到的天花板上的龙。

顺便我要提到一位中国画家与龙的故事。这位画家想画一条龙，但是由于从未看过活龙，就盼望着有这么一个机会。有一天，一条真正的龙从窗子探头进来，说："我来了，画我吧！"这位画家如此震惊于这个未曾预料的访客，以至于昏倒，而未能好好看它。他未能画出一条活生生的龙。

只是看是不够的。艺术家必须进入物体之内，从里面去感觉它，并让自己去过它的生活。梭罗（Thoreau）被认作是比职业的自然学家更好的自然学家，歌德亦复如是。他们认识自然，正是因为他们能够用自己的生命去过它的生活。科学家则用客观的方式来对待它，即用肤浅的方式。"我和你"可能完全正确，但事实上，我们却不能说这句话，因为当我说这句话时，"我"就是"你"，而"你"就是"我"。二元论必须以某种非二元论的东西作为其基础，否则，就不能维持。

科学靠二元论而繁盛，因此，科学家们意图把一切都简化为量的单位。为了这个目的，他们发明种种的机械器具。工艺学乃是现代文明的主调。任何东西，只要他们不能把它简化为量，就把它视为非科学或前科学的，而加以摒弃。他们设置了一套规律，而凡是超出了这些规律之掌握的，他们就自然把它弃之一旁，认作是不属于他们研究的范围。他们的网不论是何等精密，但由于它们是网，某些东西就必然会溜失，而这些东西因此就不能用任何方式来测量。量必然是无尽的，而科学终要有一日承认，要掌握实体，它是无能为力的。无意识是科学研究的领域之外的。因此，科学家们所能做的一切，乃是指出这一个领域的存在而已。而这也足够科学去忙碌了。

无意识是一种必须去感觉的东西——所言感觉，不是一般而言的意义，而是以我所要称之为最原始或最基本的意义。这可能需要解释。当我们说"我觉得这张桌子硬"，或"我觉得冷"，这类感觉是属于感官领域的，同听或看之类的感觉有所分别。当我们说“我觉得寂寞”或“我觉得高兴”时，就更为有整体意义、内在意义，然而，仍旧属于相对的意识领域。但对无意识的知觉则是远为更基本、更初始，指向“无名”时代，那时，意识尚未从我们所称为混沌状态的自然觉醒。然而，自然并非混沌状态，因为任何混沌状态的事物都不能存在。它只是一个概念，赋予那拒绝用一般的尺度来衡量的领域。自然是混沌的，其意义为，它是无限的可能性的储藏所。从这一个混沌中所发展出来的意识，是肤浅的东西，只能触及实体的边缘。我们的意识，只不过是遍布地球的汪洋中一个漂浮的小岛。然而，是经由这个小岛，我们才能够看出去，看到那无限伸延的无意识本身；对于它，我们所能具有的一切，乃是对它的感觉，但是这个感觉却非小事，因为是由这个感觉，我们才认识到我们这片断的存在具有其充分的意义，而由此我们可以确定，我们并不是白活一场。科学，由其本性使然，从不能给予我们完全的安全与无畏之感，这种感觉是由我们对无意识的感受而来。

我们不能希望所有的人都成为科学家，但是我们却生而具有如此的禀赋，以致我们每个人都可以成为艺术家——当然不是特殊领域的艺术家，诸如画家、雕刻家、音乐家、诗人等，而是生活的艺术家。这个生活的艺术家，听起来可能新奇，但是，事实上我们却生来都是生活的艺术家，只是自己不知道而已。我们大部分人都失于成为这样的艺术家，而其结果，是我们把生活搞得一团糟，问：“生命有什么意义？”“我们岂不是面对着空白的虚无吗？”“当我们活了七八十岁，甚至九十岁以后，我们又到哪里去呢？谁也不知道。”我听说，大部分的现代男女都为了这个原因而患有精神病态。但是禅者可以告诉他们，他们所有这些人都忘了他们是生而为艺术家，是生活的创造家，而一旦他们发现了这个事实与真理，他们将会从他们的苦恼中解脱出来——不论这个苦恼他们称之为精神官能症，或精神病，或其他任何名目。

2

做一个生活的艺术家有什么意义？

任何种类的艺术家，就我们所知，必须用某种工具来表达他们自己，并用某种形式来证明他们的创造性。雕刻家必须有石头或木头或泥土，以及雕刻刀或某些其他的工具，来把他自己的理念刻画在材料上。但是一个生活的艺术家却无须走出他自己之外。所有的材料、所有的工具，以及一般所需要的所有技巧，他都是生而具有，甚至在父母生他以前就已具有。你们会惊奇地说，这太奇怪了，这太出乎寻常了，但是，只要你们略想片刻，我可以确定，你们必然明了我的意思。如果不能，我愿意明明白白告诉各位：我们大家所共同具有的这个身体，这个肉体的身体，就是材料，相当于画家的画布，雕刻家的石头、木头或泥土，音乐家的小提琴或笛子，以及歌唱家的音带。而所有连接在身体上的部分，如手、脚、胴体、头、内脏、神经、细胞、思想、情感、感觉——事实上，凡构成整个人的所有部分——都既是材料，又是工具，让人把他的创造天才表现为行动以及所有形式的行为；事实上，是表现为生命本身。就这样一个人而言，他的生活反映出他从无意识的无尽泉源所创造出的每一个意象。就这样的人而言，他每一个行为都表现了原本性、创造性，表现了他活泼泼的人格。在其中，没有因袭，没有妥协，没有受禁止的动机。他只是如其所好地那样行动着，他的行动像风那样随意扬着，他没有拘囚于片面的、有限的、受限制的、自我中心的存在之自我。他已经从这个监牢中走了出来。唐代一位伟大的禅师说："当一个人是他自己的主人，则不管他身居何处，他都忠实于自己而行动。"这样一个人乃是我所称的真正的生活艺术家。

他的自我已经触及那无意识，那无限的可能性的渊源。他是"自由自在的"(He is "no-mind"，他是"无心的")，如圣奥古斯丁所说，"爱上帝，并做你想做的"。这同17世纪的日本禅师至道无难的一首和歌相合：

当我们活着，
做一个死人，
彻底死去；
然后如愿而行，
一切尽善。

爱上帝，是要没有自我，没有心，是去变成死人，是从受压抑的意识动机中解脱出来。这个人的"早安"，没有任何人性的利益成分。他只是打招呼而已。他饿了，就吃。从表面上看，他是一个自然人，直接从自然而来，没有现代文化人的种种复杂意识形态。但他的内在生活是何等丰富，因为他是同广大的无意识直接相通的。

我不知把这种无意识称作宇宙无意识是否确切。我之所以喜欢如此称谓它，是因为我们通常称之为意识的相对领域，在某处没入未知境，而这个未知境，一旦我们认知，就进入通常意识，并把后者之中的一切错综复杂的缔结，处理得泰然有序，这些缔结原是以不同的程度折磨着我们的。如此，这未知境同我们的心灵是连接在一起的，并且，就此而言，未知境和心灵一定有某种相同的本性，蕴含着相互的沟通。我们可以如此说，我们有限的意识由于我们知道它的界限，导致我们种种的忧虑、恐惧、不安。但是，一旦我们认知我们的意识是从另外某种东西流出，而这种东西虽然不能被我们以认知一般相对事物的方式来认知，却与我们是密切相关的，我们就免除了种种形式的紧张，并且能彻底安于我们自己及一般世界。这种未知境，我们不可以称之为宇宙无意识或无限创造的渊源吗？由此渊源，不仅各种艺术家孕育他们的灵感，即使我们一般人，也各以他自己的禀赋，把生活化做真诚的艺术。

把日常生活变为艺术，可以由下面一个故事得到某种程度的说明。公元8世纪的道悟，是唐朝的一位伟大的禅师。他有一位年轻的弟子，想向他学禅。他侍奉了师父一段时期，但并没有受到特别的教训。有一天，他对师父说："我跟随您已经有一段时期了，但未曾听你为我指示心要，为什么呢？"师父说："自从你来到此间，我没有一时一刻不为你指示心要。"弟子回答："请告诉我是些什么？""你送茶来，我接；你送饭来，我受；你行礼时，我点头。我何处没有指示你心要呢？"听了之后，弟子低下头来思考师父话中的意义，这时师父又说："你一开始思考它，它就不在那里了。你必须立刻看到它，不用推理，不用犹豫。""见则直下便见，凝思即差。"这句话使得弟子悟见了禅的真理。

只再说一点，禅的真理是一种把单调乏味的生活、索然的平凡生命，变成为一种艺术的、充满真实内在创造的真理。

在所有这些里面，都有着某种早于科学研究的东西，有着某种科学的网所不能打捞的东西。

在禅意义中的无意识，无疑是神秘的、未知的，而因此是非科学的，或前科学的。但这并不意味它是我们的意识所不能达到的，或某种与我们无关的东西。事实上，正好相反，它是与我们最密切的东西，而正由于这样的密切，我们就很难掌握它，正如眼睛不能看到它自己。因此，要意识到无意识，需要意识方面的特殊训练。

就发生的原因而言，意识是在进化的过程中某段时间从无意识中觉醒的。大自然按照它自己的路途运行，并未意识到它自己，而有意识的人则从它而生。意识是一种跃起，但这个跃起并不意味脱节。因为意识是同无意识经常而不断地交织着。确实，没有后者，前者就不能发生作用，它会丧失其运作的基础。这乃是何以禅宗宣称道是“平常心”。对禅宗而言，道当然意味着无意识，而这是在所有时间中都在我们的意识中作用着的。下面一段问答可以帮助我们了解关于禅的无意识：当一位和尚问一位禅师，什么是“平常心”，他回答说：“饿了吃，困了睡。”

我可以确定你们会问：“如果这就是你们禅宗所讲的无意识，把它当作高度神秘的东西，当作人性生活中最高的价值，当作使人变化的东西，我们不得不怀疑它。所有这些‘无意识’的行为，都老早按照精神分析学原理，交付给我们意识中的本能反射领域。我们倒很认为无意识应该跟心灵的更高功能相关，特别是，比如说，就剑术而言，是要经过长年训练才能得到那些功能。至于这些反射行为，诸如吃、喝、睡觉等，是低等动物和婴儿与我们共有的。禅当然不至于把它们当作充分成熟的人要在其中寻求意义的东西。”

让我们看看，在“本能的”无意识与高度“训练的”无意识之间是否有根本的不同。

盘珪禅师是现在日本的禅宗大师之一，常常讲授关于不生的道理。为了证明他的理念，他常常指出我们的日常经验，诸如听鸟啼、看花开等，都是由于我们之中的不生才能经历到。他总结说，不管是何种开悟[①]，都必须以这个经验为基础。

从表面上看，这似乎指的是我们的感觉领域和高度形而上的不生之同一。就一种意义而言，这是不错的，但就另一种意义而言，却是错的。因为，盘珪的不生，是一切事物的根源，不仅包括我们日常经验的感觉领域，而且包括过去、现在、未来的一切实体，而充满了宇宙十方。我们的"平常心"，或我们的日常经验，或我们的本能行为，就它们本身来说是没有特别价值与意义的。只有当它们和那不生，或我所称谓的宇宙无意识相涉时，才有意义。因为不生是一切创造的可能性的源头。因此，当我们在吃时，不是我们在吃，而是不生在吃；当我们倦了，睡觉，不是我们在睡，而是不生在睡。

就以无意识是一种本能性的东西而言，它并未越出动物或婴儿的无意识，但这并不是成熟的人之无意识。后者的无意识是受过训练的无意识，在其中，他从婴儿期所经历的一切意识经验，都被并入，而构成他的整个生命。由于这个原因，一个剑士，当拿起他的刀剑，他的剑艺以及他对于整个处境的意识，都退入幕后，而他受过训练的无意识，开始以最充分的程度，演出它的角色。剑之使用于此犹似其本身具有一个灵魂。

或许我们可以这样说，就以同感官领域相关而言，无意识是生命的长期宇宙性进化史的结果，并且是兽类与婴儿所共同具有的。但是当智力开始发展，当我们开始成长，感官领域被智力所侵入，而感官经验的纯朴于焉消失。当我们笑，已经不只是在笑，另有某

① 见下文页，以及 *Essays in Zen Buddhism* 第一卷，第 227 页以下。

些东西加了上去。我们吃东西时，并不像我们幼儿时一般，吃混入了智性。而由于我们所有的人都知道这种智力的侵入，或智力的混淆，单纯的生物行为就被自我中心的利益污染。这意味着现在有一个闯入者闯进无意识，而后者不能再直接进入意识的领域，而原先交付给生物本能作用的那些行为，现在变成了由意识和智力来指导的行为。

这一种改变，乃是《圣经》用语中所谓的“纯洁”的丧失，或“知识”的获得。在禅宗和佛教，把它称为“情染”(烦恼)，或者“被智性所统御的意识心的干扰”(被分别识所干扰的心作用)。若此，禅要求成熟的人，将这种情染清除，并且也将自己摆脱智性意识的干扰——这是说，设若他真诚希望实现一种自由而自发的生活，使得恐惧、焦虑或不安等情感寻不到空隙去攻击他。当这种解脱发生，就是我们所谓“受过训练的”无意识，在意识的领域中运作。而如此，我们也就知道盘珪禅师的“不生”或中国禅宗的“平常心”是什么。

3

现在我们已经可以听听泽庵和尚对他的武士弟子柳生但马守的教训。

泽庵的教训，主要的重点是要把心永远保持“流动”状态，因为他说，当心停滞在任何处所，就意味着这个“流”被打断，而正是这种打断，是对于心的健康有害的。对武士而言，其意义乃是死。烦恼的污点涂黑了人类般若的智慧，而智力的思考阻碍了它本然的活动。这般若的智慧被泽庵和尚称为“不动智”——是我们内在与外在所有活动的指导者，而当它被阻碍，则意识心就黏滞，而剑就不再听从那“不动智”——这等于我们所说的无意识——的本然、自由、自发的指挥活动，而开始服从由意识所获得的技巧。般若是不动的动者，它无意识地运作于意识领域。

当武士站在他的对手前面，他并不想他的对手，不想他自己，也不想对方剑的动作。他只是站在那里，持着他的剑，忘却了所有技巧，实际只是遵从着无意识的指导。他已经将他自己作为使剑者的身份抹除。当他击剑，不是人在击剑，而是无意识的手中所持的剑在击。有些故事说，击剑者自己都并未察觉到他已把对方击倒——完全是无意识的。无意识的运作在许多情况中，完全是出乎奇迹。

让我举一个例子：七武士。

有一部日本电影，其中有一幕是要考验应聘的武士之剑道的。这当然是虚构，但无疑，全是以历史事实为材料的。主事的首领，设计了一个办法，来考验个人的剑道。他叫一个年轻的乡下人藏在门后，那是每个到此处应聘的人必须经过的地方。当一个武士正要越过这个门槛，那年轻人就拿棍子从门后突然向他袭击，而看这新来者如何行动。

第一个被狠狠地打了一棍，他没有通过这一次测验。第二个躲开了袭击，并且回击了年轻人。他被认为还不够好。第三个走到入口处停住了，他警告门后边的人，不要对这样一个充分熟习剑道的武士玩弄这种卑下的诡计。因为这一个人即使在实际上未曾侦察到那秘密的隐藏者之前，就已感觉出他的存在。这是由于在那些战乱的时期中，这个武士的长期经历所使然。如此他证明自己是一个成功的候选者，去执行在这个乡村所要完成的任务。

在封建时代的那些日子，武士在日常生活中，随时随地都必须警觉。他们这种对隐藏的敌人之察觉，似乎发展到极为有效的程度。这些武士们即使在睡觉时，都准备着遭遇未料的事件。

我不知这种感觉是否可以称为第六感，或一种精神感应术，而因此，是所谓的超心理学的题材。至少有一件事情是我愿意提及的，即是，剑道的哲学家们把武士们所获得的这种感觉，认作是无意识的运作结果，这种无意识是当他到达了无我、无心状态时，所觉醒的。他们会说，当一个人受到最高程度的剑道训练，他就不再有一般的相对意识，他不再关怀他是处于生与死的战斗中。而当这种训练发生效力，他的心就像一面镜子，对方心里的每一个动静都在其中反映出来，而他立刻知道如何攻击对方（正确地说，这不是知识，而是无意识中发生的知觉）。他的剑向着对手移动，似乎是机械式的，完全凭由自己，而对方发现无从防卫，因为剑就落在他完全没有设防的地方。因此，武士的无意识被认作是来自无我，同“天地之理”应合，而把与此理不合的任何事物击倒。武士的竞争或战斗，胜利并非属于最快、最强或最有技艺者，而是属于心纯洁而无我的人。

我们是否接受这种解释是另外一个问题，事实是，杰出的武士拥有我们所称的无意识，而这种心态，是当他不再意识到他的动作，而把一切都留给某种并非属于他的相对意识的东西时所达到的。我们把它称为某物或某人；因为它的存在及其性质是超乎通常意识的领域，我们对它无以名之，除非给它一个消极的名字，叫作X，或无意识。这个未知者或X，是非常扑朔的，而当它同意识以如此一种方式相关联，以致这个X取得了由意识所得到的所有技巧时，我们就把它称为无意识，并无不当。

4

这种无意识性质如何呢？就最广的词意来说，它是否仍旧在心理学的范围之内？它是否同一切事物的渊源相连接，诸如天地之理，或同东方思想家们的本体论所提出的另外某种东西相连？或者我们是否可以像禅师们有时对它的称呼一样，称它为“大圆镜智”？

下面是泽庵禅师与弟子柳生但马守的故事，这个故事对于前面所描绘的无意识可能不直接有关。原因之一是他并没有真正面临敌人，但是，当一个人经过了某种形式的训练，会发展出一种几乎可以称之为超心理的功能，这件事情在心理学家也许并不是无意义的。我或许还应该说一句，柳生但马守的个案，并没有用科学方法去证明过。但在日本的武士记录中，确实有过不少这样的例子，而即使在我们现代的经验中，也有理由让我们相信这种“精神感应性”的直觉可能性，不过我必须重复说明，这一种心理现象，同我前面所说的无意识或许并不相同。柳生但马守，有一天在他的花园里，欣赏着盛放的樱花。他整个看来，完全沉湎在默想中。突然间，他感到后面有一股杀气[①]。马守转身，但是他没有看到任何人，只有一个童侍，是平常拿着他的剑跟随他的。不能够断定杀气从何处发出，这件事使他极为困惑。因为在他经过长期的剑道训练之后，他

① 这种经验是武士们常常提到的。这是一种无法描绘的东西，只能从内在感觉到，是从某个人或某个东西发出。人们常常说到，某些刀剑充满了杀气，而另一些则使人感觉到敬畏，或尊敬，或慈善。这要靠造剑者的性格或气质而定，因为艺术作品反映出艺术家的精神。在日本，刀剑不仅是屠杀的兵器，而是一种艺术品。当一个人或明或暗地存着一种意念，想杀某人，他也会散发出杀气。当一队士兵出发要去攻击敌人，据说上空也会盘旋着这样一种杀气。

已具有了一种第六感，可以立即侦察出杀气的所在。

他立即回到他的屋子，想解决这个问题，这使他极为苦恼。因为以前当他察觉到杀气的存在时，总是立即就确定它是发自何处。他看来如此懊恼，以致他所有的侍从，都不敢走近他，去问究竟是什么事情。

最后，一个老仆人过去问他，是否身体不舒服，要不要他们做什么事。主人说："没有，我没有不舒服，只是刚才我在花园里发生一件奇怪的事，超乎我的了解。现在我正在想这件事。"说着，他把整个事情告诉了老仆人。

当这件事传到侍从间，那个童侍就战战兢兢来到主人面前，谢罪说："当我看到主人全心全意在欣赏樱花，我起了这样一个念头：主人的剑术尽管再好，如果现在我从后面突然袭击他，他恐怕还是不能防卫自己吧。可能就是我这个念头，被主人察觉到了。"这个年轻人说完之后，就准备着接受主人的惩罚。

这澄清了困扰但马守如此之深的整个秘密，而但马守当然并不去惩罚这个年轻的侍从。他因自己的预感没有错误甚为满意。

三、禅中的自我概念

禅宗对于实体的趋近法，虽然可以界定为前科学的，有时却是反科学的，因为禅与科学所追寻的方向正好相反。这并不必然说禅是反科学的，而只是说，要了解禅，我们必须要采取另一种立场，而这个立场到现在为止，都被科学家们当作"非科学的"而加以忽视或抹杀。

科学一致都是离心的、外向的，他们"客观地"看着他们取来做研究的物体。如此他们所采取的立场，乃是将物体同他们分开，保持距离，而从不想把他们自己同所研究的对象相认同。即使当他们为了自我省察而向内看，他们也小心地把内在的东西向外投射，如此使得他们自己同自己离异，于是乎，内在的东西并不属于他们自己。他们是彻底惧怕变得“主观”。但我们必须记得，只要我们站在外边，我们就永远是局外者，而就为这个原因，我们就永不能得知物体本身，而我们所知道的一切，都是关于它——而这意味着我们永不能得知我们的真正自我是什么。因此，我们是永远不能预期科学家们可以达到自我，无论他们是何等渴望。无疑，关于它，他们可以说得很多很多，而这是他们所能做的一切。如此，禅劝诫我们，如果想真正意识自我，必须反转科学所追寻的方向。它主张，人类应当关心研究的是人，而人在此处的意义是意味自我，因为能够意识到自我的是人类而非兽类。男人或女人，不期望获得自我知识的，我怕要经历另一个生死轮回。“知汝自己”乃是要知道你的自己（“自我”）。

科学关于自我的知识，由于它将自己客观化，就不是真正的知识。科学的研究方向须得反转。自我需要从内在掌握，而不是从外在。这意味自我不需走出自己之外，就可以知道自己。有些人会说：“这怎么可能？知识总是意含着二分法，知者与被知者。”我回答：“自我知识只有当主体与客体合一才可能，这是说，当科学研究终止，而把所有实验用的玩意儿放下，并承认除非神迹般地跃起到一个绝对主观的领域，而因此超越他们自己，他们就不能再继续探讨。”

绝对主观的领域乃是自我所居之处。“所居”并不十分恰当，因为这仅提示出自我的静态面。但自我是永远在动或在变的。它是一个零，而这个零是一个静态，同时它又是一个无限，这表示着所有的时间中它都是在动。自我是流动的。

自我好比是一个没有圆周的圆，因此，它是一个空。但它又是这样一个圆的圆心，而这个圆心是在圆中每一处所的。自我是那绝对主体的点，它可以传达不动感或安静感，但是由于这一点可以移动至我们所希望的任何处所，到无限变化的处所，因此它实是无点。此点是圆，而圆是此点。当科学的追寻方向被反转，而转向禅，这种显然不可能的奇迹就发生。事实上，禅正是这种不可能之事的实行者。

如此，由于自我从零移向无限，并从无限移向零，它无论如何不是科学研究的一个对象。由于它是绝对的主体，我们所有的努力，要想把它落定在任何客观确定的一点都是不可能的。由于它如此飘忽，而不能被掌握，我们就不能用任何科学的方式对它做实验。我们不能用由任何客观构筑的传达工具来把它捉住。所有的科学才能，都无法做到这一点，因为它不是处在科学才能所能处理的事物范围之内。但自我在受到适当的调整后，知道如何显露其自身，而无须经过客观化作用的程序。

前面我曾提过杜·卢基蒙的一本书《人类的西方探索》，在其中，他认为“人”与“机械”是西方对实体探讨的两个特征。依照他所说，“人”最初是罗马帝国一个法律名词。当基督教讨论到三位一体的问题，学者们就开始把这个词应用到神学上，诸如“神位”或“人位”，这两者是谐和共具在基督身上的。我们现在对这个词的应用，则具备着道德——心理学的所有历史含义。人的问题最终可以归结到自我的问题。

杜·卢基蒙的“人”，在本性上是二元论的，而某种性质的冲突，总是在其自身之内进行着。这种冲突、紧张或矛盾，乃是所以构成人的本质的东西，而因此，恐惧与不安之感，自然就秘密地伴随着他所表现出来的每种行为。事实上，我们可以说，正是这种感觉驱使人去做种种激情与暴烈的偏激行为。人类一切行为的根源是情感，而非思辨性的问题。心理学在先，然后是逻辑与分析，而不是逻辑与分析在先，心理学在后。

因此，依照杜·卢基蒙的看法，西方人只要执着于他们神－人或人－神的历史——神学传统，就不可能超越蕴涵在人的本性中的二元论。就是由于无意识中这种二元论的冲突，以及它所导致的不安感，使得他们向时间及空间做冒险行为。他们是彻底外向的，而非内向的。他们不向内察看人的本性并抓住它，却从客观方面去努力，想把他们从智力平面所分辨出来的二元论冲突加以重合。至于“人”本身，让我引用杜·卢基蒙的话，他说：

> 人是召唤与回应，他是行动，既不是事实，又不是物体；而对于诸事实与诸物体的详尽分析，永远不能给予他一个无可置辩的证明。（第50页）
>
> 人既不是在此亦不是在彼，而是在行动中，在紧张中，在横冲直撞中——甚少成为幸福的均衡之源，如巴赫的音乐所给予吾人者然。（第55页）

此话听来有理，人确实是如杜·卢基蒙所描绘的样子，而与佛教徒关于自我所说的话相应，谓：“行将散灭。”但是，大乘佛教学者所要问这位作者的是：“从概念的观点说出这些有理的话的那个你是谁呢？我们很想具体地、面对面地见见这个你。当你说：‘只要我活着，就是活在矛盾中。’这个‘我’是谁？当你告诉我们，人的基本对立，是要靠信仰来接受，谁是这个持此信仰的人呢？谁是这个经验此信仰的人呢？在信仰、经验、冲突与概念化的背后，必然活着一个人，是他做这一切。”

有一则关于禅宗和尚的故事，他直接而具体地把箭头指向发问者，而让发问者看到它是什么样子。有一位知事巡视一座寺庙。住持领他去看各种遗物。当他们走到一个屋子，见到挂着以前的各任住持像时，知事指着其中之一说：“这是谁？”住持说：“故住持。”知事第二个问题是，“这是他的像，人在何处？”住持无法回答。然而，知事坚持要问。住持十分为难，因为弟子中找不到一个可以使知事满意的人。最后他终于想起最近来到庙里的一个奇怪的云水和尚，这个和尚把大部分闲余时间都用来清扫庙院，使它井然有序。他想到这个看起来像禅宗和尚的人，或许可以回答知事的问题。这个和尚被请进来，介绍给知事，后者恭敬地说：

“贵僧，不幸这些先生们都不想回答我的问题。你是否可以善心为我解惑呢？”

和尚说：“您的问题是什么？”

知事把刚才所发生的事情都告诉他，并把问题又说一遍：“这里是故住持的像，但是人在何处？”

和尚立刻大叫：“大人！”

知事回答说：“在此，贵僧！”

“他在哪里？”

和尚就是这样回答了问题。

这个和尚即是后来的黄檗希运，他是唐代的伟大禅师之一。

科学家们，包括神学家与哲学家，喜欢客观而避免主观，不论主观的意义是什么。因为他们坚定地认为，一项陈述只有经过客观的评价，或在客观上认为确实有效才是真实的，而仅是主观或个人的经验不足为凭。他们忘掉了这个事实，即一个人必然是过一个人的生活，而不是过被概念或科学所界定的生活。界说不论如何精密，或客观，或哲学化，人所生活的却不是界说，而是人本身，而人所研究的主题乃是这个生活。主观或客观不是此处的问题。与我们最致命相关的，乃是由我们自己，由我们亲自去发现这个生命在何处，以及如何生活。那知道自己的人，从不执着于理论，从不写书，从不耽于教训他人，他永远都过着他独立自在的生活。它是什么？它在何处？自我从内在知道它自己，而绝不是从外在。

如我们在黄檗和知事的故事中所看到的，我们通常都满足于画像，或相似物，而想象着人是死的，以致没有像那位知事一样发问："这是像，人在何处？"把这个故事的脉络译成今日的说法，就是，"存在（包括人）被不断发明的相对解决法和有用的妥协所维系。"生与死的观念是一个相对解决法，而画像是一种情感上的有用妥协。但是，就一个活生生的人而言，情况却非如此，因此，知事要问："人在何处？"黄檗是一位禅宗和尚，而他毫不犹豫地把他从梦一般的概念世界用"大人！"一声呼喊来唤醒。答案立刻出现："在此，贵僧！"此处我们看到整个的人从分行抽象和概念化作用的囚室中跃出。当我们了解了这个，我们就知道人是谁，他在何处，以及自我是谁。如某人只同一个动作相认同，而别无其他，则他不是一个活的人，而是一个智性化的人，他既不是我的自我，也不是你的自我。

赵州从谂（778—897）有一次被一个和尚问道："我的自我是什么？"赵州说："你吃过早粥没有？""吃过了。"赵州又说："那么，去洗碗吧！"吃是一个动作，洗是一个动作，但禅宗所要求的却是动作者自己，是做"吃"和"洗"那个动作的吃者和洗者；而除非这个人从实存上或经历上被掌握，我们就谈不上动作。谁意识到动作？谁把这意识向你传达？而谁又把所有这些不仅告诉自己又告诉他人？"我""你""她"或"它"——所有这些都是代名词，代表着它后面的某某。而谁又是这某某呢？

另一个和尚问赵州："我的自我是什么？"赵州说："你看到庭前的柏树吗？"赵州禅师所要指的不是看这个动作，而是看者。自我如旋状螺管的轴，永远无法客观化或事实化，但它仍旧是在那里的，而禅宗告诉我们，用赤裸裸的手去抓住它，并把那不可抓、不可客观化、不可得之物拿给禅师看。此处，我们可以看到，禅与科学的不同。然而我们不可忘记，禅并不曾反对科学对实体的趋近法。禅只是想告诉科学家们，他们的方法不是唯一的，还有另一种方法是禅认为更直接、更内在、更真实，而更合乎人的。

人、个人、自我和"ego"，我在这篇演讲中把它们当作是同义词。人是德性的或意志的；个人则同任何种类的群体相对照；"ego"是心理学名词；而自我则既是德性的又是心理学的，并同时具有一种宗教的含义。

从禅的观点来看，使自我的经验独特的而心理学上有其特殊之处的是它饱含了自主的、自由的以及创造的感觉。庞蕴有一次问马祖道一（709—788）："不与万法为伴的是谁？"马祖回答："你一口喝尽西江水，我就告诉你。"这乃是"人"或自我所去行的成就。那些只谈相继的感想或印象，或只谈理念，或谈结合原理，或整体主观经验的动力学，或人类活动的螺形线之非实存的轴的那些心理学家或神学家，乃是与禅背道而驰的。他们跑得越是努力，离禅越远。因此我说，科学或逻辑是客观的或离心的，而禅则是主观的或是向心的。

有一个人曾说过："外在的一切都告诉人，他是虚空，而内在的一切则告诉他，他是一切。"这是一句含有深意的话，因为这是我们每个人，当静坐而深深看入他的生命之最内在的深处时，都会有的一种感觉。某种东西在那里跃动着，而且会用一种缥缈的声音向他说，他不是白白生下来。我又在别处读道："你只是独自挣扎，你独自走入荒漠，你被世界所遗弃。"但是，让一个人真真实实地向内察看到，他会发现他并不是孤独的，被遗弃的。在他之内有某种尊贵的孤独感，他确实是全然独自站立着，然则他并没有同其他一切存在分离，这种独特而显然的，或从客观上看来矛盾的处境，当我们以禅的方式去趋近实体时，就会发生。他的这种感觉，是来自他个人的创造或原创体验，而这是超越智力或抽象领域的。创造并非只是活动，乃是自我主宰力——我们称为自我——的信仰。

个性也是自我一个重要的标示，但它更具政治性与伦理性，而与责任观念密切相连。它是属于相对领域的。它易于同固执己见相连。它总是意识到他人，而为此被他人控制。因此，个人主义的强调，总是和相互限制的紧张感相互存在。在此处没有自由，没有自发，而只是一种深重的气氛，或压抑感将人罩住，而结果是各式各样的心理骚乱。

个人化作用是一个客观的用词，把人同人加以区分。当这种区分变得极端，对权势的渴望就抬头，而往往变得无法控制。如果它未曾变得如此之强，或者，当它或多或少还有一些消极成分，则当事者就变得对批评与注解极为敏感。这种敏感常常把人驱使到不幸的奴役深渊，这使我们想到卡莱尔（Carlyle）的“衣裳哲学”。“衣裳哲学”是外观世界的哲学，在这个世界中，每一个人都为了其他每个人穿着衣裳，而使得他或她自己显得同自己不一样。这当然有趣。但是当行之过分，人就丧失了他的原创性，而使自己变得滑稽，把自己变成了猴子。

自我的这一面变得过为明显，过为胀大，真正的自我就被挤向后方，而往往缩减至无有，这是说，他被压抑。我们大家都知道，这种压抑意味着什么。因为创造性的无意识是永远不能被压抑的，它一定会用某种方法来肯定它自己。当它不能够用自然合乎于它的方式来肯定自己，它会冲破一切界限，有时用暴力的方式，有时则以病理的方式。不论是哪一种方式，真正的自我都是被摧残了。

由于悲悯这件事情，佛就提出了无我论（non-ego），来把我们从表象的梦幻中唤醒。然而，对于佛提出其教义略带消极的方式，禅宗还不十分满意，而进一步用最为肯定、最为直接的方式来确证它，以便佛门弟子在趋近实体时不致错误。让我们举一个临济义玄（？—867）所提出的例子：

有一天他在法会上说：“在你们的赤肉团里，有一位无位真人，常从你们的面门‘感官’出入。那些还没有体验到的人，试试看！”

有一个和尚走上前问道：“谁是无位真人？”

临济从椅子上走下来，一把抓住他的喉咙，说：“你说，你说！”

那个和尚犹豫，不知如何作答。

临济放了他，说：“多么没用的一段干屎橛子。”

临济的“无位真人”就是自我。他的教训几乎完全是关于这个人的，这个人有时也被称作“道人”。他可以说是中国禅宗思想史中第一个禅师，特别强调我们生活活动中的每一个片断，都有着这个人的存在。他从不倦于教训他的弟子，要体认这个人或真正的自我。这个真正的自我，是一种形而上的自我，同那属于有限相对世界的心理学自我或伦理学自我不同。临济的人被界定为“无位”，或“独立于”，或“无衣”[①]，所有这些都使我们想到“形而上的”自我。

在作了这一段初步的解释之后，让我们更为广泛地引用一些临济关于人或自我的话，因为我认为他在此处十分清楚地表达了他的看法，并可以帮助我们了解禅宗的自我概念。

临济论自我——或“于此时，在目前，孤独、明彻，以充分觉知，听此说法者[②]”。

1

（在谈过佛的三种身之后，临济继续说）：所有这些，我可以十分确定，都只不过是幻影。大德，你们必须认识到戏玩这些幻影的

① 无衣，既意味着独立“无依”，又意味着无衣。衣，第一个意义是“依”，第二个意义是“衣”。

② 译注：下面九段系依铃木大拙英文所译，皆取自《临济录》。与之对应的《临济录》原文见本书附录二。

那个人，他是一切诸佛之源，是从道者于一切处所的庇护所。

听法者与默会此法者，既不是你们的肉体，也不是你们的肚子或肝脏，或肾脏，也不是空虚的空间。如此，是谁默会这一切呢？即是那就在目前，充分觉醒，没有可分之相，而历历孤明者。是这一个了解如何说法。

当你们悟及此处，你们就与佛与祖无异。（那有此了悟的人）于所有的时间中不被打断。他在一切我们眼睛所见之处。只由于我们情的阻碍，直觉才被蒙遮，由于我们的想象，实体才显分殊。因此，我们才遭受一切痛苦，转生三界。依我所见，无物比（此人）更深，而就是由他，我们每个人可以获得解脱。

诸位求道者，心是无形的，能够穿透十方。他透过这个眼睛看，透过这个耳朵听，透过这个鼻子闻，透过这个嘴巴说，透过这个手来抓，透过这个脚来走。

2

诸位求道者，那在此刻，有一个充分觉醒的听法者——这个人不停滞于任何处所，他穿透十方，在三界中他都是自己的主人。进入一切处境，分辨一切事物，他是不能从他自己被转开的。

在一念之间，他会穿透法界。遇到佛，他说佛的话；遇到祖，他说祖的话；遇到罗汉，他说罗汉的话；遇到饿鬼，他说饿鬼的话。

他转向一切处所，遍历一切诸地，教训一切众生，而又仍未出一念之间。

无论他去何处，他都保持纯净，无可界定，他的光透入十方，而万物都是向一本然。

3

什么是正确的了悟呢？

是你进入一切（境）：通常的和神圣的，污秽的和纯洁的；是你进入一切佛地，进入弥勒楼阁，进入毗卢遮那法界，而不论你进入何处，都呈现出一个属于生、住、异、灭之境。

佛，现身于此世，转大法轮，又进入涅槃（而不像我们一般人期望永久留在世间）。然而他的去来，却没有踪迹。如果我们试图追寻他生死的踪迹，无处可寻。

进入无生的法界，他遍历一切诸地。进入华藏世界，他看到一切事都是空虚，而没有实质。唯一实有者，是道人，此人不依任何事物，此刻正在听（我）说法。而此人乃是一切诸佛之母。

因此，佛是由不依于任何事物而生。当了解了这不依于任何事物者，也就见到佛是无可得。

当人得到这一种洞见，他就可说是有了真悟解。

学者们，由于无知于此，就执着于名和句，而被所谓平凡或智慧等名目所阻碍。当他们对于道的看法，被如此阻碍，他们就不能清楚地见到（道）。

即使佛的教训中所说的十二种分别，也不过是字和表示之词（而不是实体）。学者们不了解及此，因此想从字和句中寻求意义。由于他们都依赖着某种东西，他们就发现自己纠缠在因果律中，而无法逃脱三界中的生死轮回。

如果你们想超越生与死、去与来，而能够自由地脱离一切附着，你们就应该认识这一个在此刻听此说法的人。他既无形又无状，既无根又无干，没有居处，而充满活力。

他回应一切处境，而显露他的活力，然而又不是从任何处所而来。因此，当你要寻求他，他就远离；你越是要接近他，他转开得离你越远。他的名字称之为秘密。

4

然而，正在各位求道者面前，于此刻听我说法者，唯他正是此人——他是火不能烧，水不能溺，他即使进入三种凶恶的路途，或进入地狱，却像游览花园一般，即使他进入饿鬼或畜生之地，也不会遭受任何因果报应。何以如此？因为他没有任何拣选嫌弃。

如果你爱智慧者而厌恨平凡者，你就会在生死之海浮沉。种种邪恶的热情是由于心才有，如果你们没有心，又有什么邪恶的热情可以缚住你呢？当你不因分别和执着而受骚扰，你会即刻不需劳力便能得道。如果你带着困扰的心在邻人之间跑来跑去，你是注定要回到生死之地，不论你试着抓住那道，试了多少个无数劫。不如回到你的庙里，安安静静地盘腿而坐。

5

啊，各位求道者！你们这些目前听我说法者，不是（那造成你们身体的）四种元素。你们是那些能应用这些元素的人。当你们能够看到这个（真理），就能够来去自由。就我所见，没有一物是我所嫌弃的。

6

（有一次大师做如下的说法）：学道的人切要对他自己有信心。不要向外寻求。若你们这样做，则只是被不重要的外在事物所牵引，你们将不能辨别对与错。人们会说有佛有祖，但那不过是真正的法所遗留下来的痕迹而已。如果一个人出现在你们面前，展示着二元性的字或句，你们就会困惑而起疑问。由于不知如何去做，你们就在邻人和朋友间跑来跑去，问东问西。你们必致不知所措，那具有高贵性格的人是不会浪费时间去谈论主和贼、是与非、物质与财富的。

我[①]坐在此处，我是不分别和尚与俗人的。任何人来到我面前，我都知道他从何而来。不论他想说什么，我都知道他一定是基于语言和文字，而所有这一切都只不过是梦幻。我只见到那骑乘在可能产生的一切遇境之上的那个人：他是诸佛的神秘题旨。

佛境不能自称为佛境，是那无依道人，乘境而出。

如果有人来对我说“我在寻求佛陀”，我就以清净境出来回应。如果有人来求菩萨，我即以慈悲境出来回应。如果有人来求菩提（或觉悟），我就以不可比拟的美妙境出来回应。如果有人来求涅槃，我就以清澈的安静境出来回应。境可以无限变化，人却不变。如此（如人所说），“它[②]应合着境而现形，就如月在水中（变化的）映现”。

（此处需要一些解释。上帝，就以其在其自身，同其自身，为其自身而言，是绝对的主体，是它本身。但当它始动，它即是创造者，而世界以其无限变化之境缠卷在内。原本的上帝或主神，并没有孤独地留在万境之后，而是在这纷纭万象之中。是人类的推理——而这是瞬时有限的——常常使我们忘记它，而把它置于我们时空及因果世界之外。佛家的用词在表面与基督教相距甚远，但当

---

① 整个的说法中，“我”都代表那“人”，或者用“我”的说辞，代表那“绝对主体”。

② 原文无“它”字，因中文主词常省略。此处“它”代表“实体，或人，或自我”。

我们潜入够深，我们将发现这两个潮流是相交的，或者说，是从同一个渊源中流出的。）

7

诸位求道者！你们切要寻求真正的了解，以便你们可以无犹无豫行遍世界，而不被不合人性的精怪（即那些假禅师）所迷惑。

贵人是那不被任何事物所负累的人，是那留在无为之境的人。在他日常生活中，没有任何特殊的事情标显出来。

当你一旦转向外在，而在你的邻人中去寻找你的手脚（就好像它们不是原本在你身上），你就错了。你可以试图寻找佛陀，但他却不过是一个名字。你还认识这样跑来跑去寻求的人吗?

诸佛、诸祖，在过去、未来和现在的十方中显现，而他们的目的无不是求法。所有的从道者（菩提），那现在求道的人——他们也是在求法，而不是求其他。当他们求得，他们的任务就终了。当他们没有求得，他们就像以往一样，在生存的五道①上轮转。

法是什么？即是心。心无形，而能穿透十方，它的种种活动在我们面前呈现。人们不信如此。他们想去寻见它的名字、语言，想象着佛法就在名言文字中。然而两者是何等之遥，如天与地!

诸位求道者！你们认为我的说法是关乎什么？它们关乎心，而心既入一般人，又入智慧者；既入不洁者，又入洁者；既入世俗者，又入不世俗者。

重要之处在于，你们既非一般人，又非智慧者；既非世俗者，又非不世俗者。是你们把世俗、非世俗、一般、智慧等名字用在上

---

① 五道：神道、人道、畜生道、饿鬼道、地狱道。

面。而既不是世俗，也不是非世俗，既不是智慧者亦不是一般人，把名字加在人上。

诸位求道者！切望你们了会这个（真理），并自由运用它。不要黏着于名字，（这真理）是为神秘的题旨。

8

大丈夫当不被他人引入迷途。不论他行至何处，他都是自己的主人。他完全是独立的。

一旦一丝疑念进入，诸种邪恶精神即将心占据。当菩萨怀着一丝疑念，就给生死之魔以良好机会。因此要使心不受激扰，不要渴望外在。

当诸种境遇发生，让它们被照明得清清楚楚。你只要相信这一个于此刻正在行动着的，它不用任何特别的方式来表现自己。

当一念在你心中升起，三界连同一切诸境就升起，这些诸境是可以通过六尘来区分的。当你依照诸境遇来回应，你又何所缺呢？

在一念之间，你既进入污秽界又入清净界，既入弥勒楼阁，又入三眼国土。不论你行至何处，你所看到的只不过是虚名。

9

诸位求道者，真实于自己是何其难哉，佛法深不可测，但当了会，又何其容易！我整日教人何为佛法，但学者们似乎根本不加留心。何其千万次，他们把它踩于脚下！然而，他们所见仍旧是一片黑暗。

（法）无任何形式，然则当它在孤寂之中显现，又是何等清楚！但由于他们信心不足，就意图由名由字对它做解。一生中花去半百岁月，拖着行尸走肉，从这门跑到那门，在整个国土里乱走，肩上背个行囊（装了半开不开的老师们空洞的言辞）。有一天阎罗王非得讨还所有的草鞋钱不成。

大德，当我告诉你们，向外求法无法可得，学者们误会了我。他们转向内在，寻索它的意义。他们盘腿面壁而坐，舌抵上颚，落入不动状态。他们认为这就是诸祖所行的佛教传统。大错，如果你们把不动的纯净状态，认作是要求于你们的状态，就是把无明[①]认作主人。古代一位大师说，“寂静的黑渊[②]——这确实是我们必须惧怕的”，这即是前面所说的意义。反过来说，你若认为它是动者，则一切草木皆知，何者为动。但这不可称为道。动是风之性，而不动是地之性，两者都没有自性。

当自我在动，你若企图抓住它，它就会立于一种不动状态；当它不动，你若企图抓住它，它会转而为动。它像深水之中鼓波而游的鱼。哦，各位求道者，动与不动，是客观看时（自我）的两面，而那不依于任何事物者却只有道人自己，是他，自由运用（实体的两面），有时动有时不动……（大部分学者都被这二分法的网所罩住。）但如有人超乎通常的思维模式[③]，他可以到我这里来，我[④]便

---

① 梵文为 Avidyā（译注：英文原用“the darkness of ignorance”）。

② 不动、清净或安静——所有这些都是指一种意识状态，在其中所有的思想波动都一律引退。也被称作无知的黑渊，或无意识的黑渊。这是学禅的人要用一切方法去避免的，而不要把它认作是禅宗格律（discipline）的最终目标。

③ 一般而言，人对于了解佛教真理的禀赋分为三种：上、中、下。

④ “我”原文是用“山僧”，临济以此指他自己，这个谦卑的称谓，不仅是指临济那属于这个处处受限制的世界之个体，也是指那居住在绝对主体或虚空的超越境界中的悟者。一个在这种境界中的人，是不会像一个片面个体化的人或心理学所界定的自我那样行动或行为的，他也不像一个抽象的概念那样行动或行为，而是以他整个的生命或人格而行动。当我们继续读下去，将会更为明显。

以我的整体来行动。

大德，此处是学者整个用心处，因为此处没有余地容一丝空气通过。它如闪电，如敲击火石时的火花，（一瞬间）整个即过。学者的眼睛如果空空注视，即全盘皆失。当你把心用在上面，它即从此溜走；一念激起，它就离你而去。那了解的人会发现它即在他面前。①

大德！带着钵囊屎担子②，你们沿门跑来跑去，想要求佛求法。但那此刻到处寻求的——你们可知他是谁？他除了无根无茎之外，乃是最为活泼泼的人。你们可以试图把他拥聚，但他无可拥聚；你们可以试图把他拨散，但是无可拨散。你越是追求他，他离你越远。当你不再追求他，看啊，他就在你眼前了！他那超越感官的声音，充满你的耳朵。那些没有信念的人，白白浪费珍贵的一生。

哦，诸位求道者，是（他）在一念之间进入华藏世界，入毗卢遮国土，入解脱国土，入超自然力量国土，入清净国土，入法界。是他进入污秽界，一如进入纯净界，进入平凡界，一如进入圣智界。是他进入畜生界，以及饿鬼界。不论他进入何界，我们都不能发现他的生死痕迹——不论我们如何想界定他的方位。我们所具有的，只不过是空虚的名字，它们就像空中的幻花。它们不值得我们追求掌握。得与失，是与否——所有这些二分法都务必即刻除却……

至于我这山僧，我之掌御自己，不论是用肯定，还是用否定，

---

① “它”是由译者（铃木大拙）所加，意指法或实体或人或道。

② 钵囊是旅行的和尚装乞食的钵子用的。屎担子是一种轻蔑词，指那些眼睛尚未开向佛法、心还被空洞的名词及闲杂的思想所充满的和尚。后面这些东西，就像排泄物一般，是不应该留在身体里的。那些只知堆积观念，而根本不能实现这些观念的和尚，也被称作“饭囊”或“臭皮囊”。

都与真正的（了悟）相契合。如游玩般，以超乎知觉的方式，我自由进入一切处境，展现自己，而又像我完全没有从事任何事情。在我的环境中无论发生任何事情，都不能影响我。如果任何事务向我走来，而想从我这里得到什么，我就出来，看他。他却不认识我。于是，我穿上各种衣裳，而学者们遂开始种种解释，被我的字句所困。他们完全没有分辨的能力！他们落眼在我穿的衣裳，而分别着它们的各种颜色：蓝、绿、红、白。当我把它们统统脱卸，而进入纯净的状态，他们大惊，茫然若失，东奔西跑着说，我没有衣裳！这时，我要转向他们说："你们可认得那穿着各种衣服的人？"现在他们终于转过头来，而认识了我（外形中的）！

大德，要小心衣裳（不要把它当作实体）。衣裳不是自己做决定的；是人穿上各种衣裳：清净之衣，无生之衣，觉悟之衣，涅槃之衣，祖衣，佛衣。大德，此诸一切，不过是声音、言辞，不过是我们所换穿的衣裳。腹腔的运动，以及通过齿间的空气，就造成了声音。当我们把它发出来，在语言上似乎有意义。如此，我们知道，它们是不实的。

大德，外在上我们用声音、言辞，内在里我们用意识模式的改变——以此，我们思想和感受；然而，所有这些，都只不过是我们所穿着的衣裳。不要把人们所穿的衣裳当作实体。如果你们这样下去，即使经历无数劫，你们仍旧只不过是衣裳专家而已。你们还必须在三界徘徊，在生死轮回中流转。没有任何事情相似于无为的生活，犹如古人曾说：

相逢不相识，
共语不知名。

今日的学者们之所以不能（达到实体），是因为他们的理解未能越过名字与言辞。他们所做的，是把他们半懂不懂的老衰师父的话录在珍贵的本子上，然后包了三匝五匝，安安全全装在箱子里。这是为了不让别人窥探。自以为师父的这些话含藏了深刻的（法）旨，他们就用最为恭敬的方式珍藏起来。他们犯下的是何等大错！啊，眼睛昏花的求道者！从干骨头中你们如何能够得到汁液？有些人连什么是好什么是坏也不知道。翻遍了许多经典，经过了许多的思量与计较，他们集聚了一些词句（以备自己之用）。这就像一个人，把屎块子含进嘴里，又吐出来传给别人。那些像个多嘴婆，把一句谣言传来传去的人，将这样白白度过一生。

有时他们说“我们是谦卑的和尚”，而当别人问他们什么是佛所教时，他们就闭着嘴，一句话不说。他们的眼睛好像看入黑空，嘴巴弯得像个扁担[①]。即使是弥勒佛在这个世界上出现，这些人也注定要到另一个世界去，他们一定会到地狱去受他一生痛苦。

大德，你们从这个地方匆匆忙忙走到那个地方，是为了什么？除了使你们的脚板更阔之外，无一是处。（用你们这种错误的方法），你们无佛可求。（用你们这徒然的努力），你们无法得道（菩提）。（用你们的散漫摸索），你们无法可见。只要你们从外在去寻求一个有形相的佛：（诸如伟人的三十二征记），你们就永远不能认识到他与你（即是说，你的真正自我）无相似之处。如果你们想知道什么是你们的本心，我要告诉你们，它既不是合，也不是离。大德，真正的佛没有形，真正的道（或菩提）没有体（质），真正的法没有相。这三者融为（实体）的一。那些仍然不能体会这个的人，

① 讽喻嘴巴紧闭之状。

陷于迷茫状态，叫作因无明而轮回的众生。

四、公案

1

公案是禅师给弟子的难题。然而，“难题”并不是个很好的用词，我宁愿喜欢中文的“公案”二字。“公”原意为“公开的”，“案”是一个“文案”。但“一个公开的文案”却是与禅根本不相关的。禅的“文案”是我们每个人到这世界来时所带来的文案，并且在他离开之前得设法解明的。

依照大乘传说，佛陀从母腹中诞生出来时说：“天上天下，唯我独尊。”这乃是传给我们的佛之“公案”，而那能正确领会的人，乃是禅的追随者。然而，由于它是对我们“公开”的，是对我们每个人公开的，因此其中并没有隐秘；而对于那有眼能看的人来说，它并没有含着什么困难。设若其中含有任何隐藏的含义，那是在于我们这一边，而不在于那“文案”本身。

公案是在我们里面的，而禅师们所做的，不过是为我们把它指出来，以便让我们比以前看得更为清楚。当公案从无意识中被引到意识领域，我们就说它已被我们了解。为了达成这种觉醒，公案有时以辩证的形式出现，但经常却以完全莫名其妙的方式出现——至少表面上看来是如此。

下面的例子可以归类在辩证形式里。

禅师们常带着一根棍子或棒子，那是走山道时用的。但日子久了，在禅师们的手中就变成了权威的象征，往往用来证明他的观点。他会把这根棒子放在会众面前，说出类似这样的话："这不是一根棒子，你们怎么说？"有时他又会说出这类的话："如果你说它是棒子，你就'触'（或肯定）；如果你不称它为棒子，你就'反'（否定）。既不用肯定，又不用否定，你们怎么称它？"事实上，这样的公案已经不仅是辩证性的了。下面是由一个有能力的弟子所做的一个解决之例：有一次，当一位禅师说了那样一段话，一个和尚从会众中走出来，把棒子从禅师手上拿下，折成两段，丢在地上。

另外有一位禅师，他把棒子拿出来，说了这么几句像谜似的话："当你有棒子，我给你一根；当你没棒子，我要把你的拿走。"

禅师有时十分明白地说："你来自何处？"或"你走向何方？"但他可能会突然转变话题，说："我的手像佛，但是，我的腿多么像驴啊！"

你会问："即使我的手像佛又有什么意思呢？而说我的腿像驴，这根本是乱来了。即使如此，但那与我们最关心最根本的存在问题又有什么关系？"禅师在此处所提出的问题或挑战，如果你愿意那么说，当然是可谓之莫名其妙的。

让我们再举另一个禅师"莫名其妙"的例子。有一个弟子问道："全然独立，而不与万种事物为伴的是谁？"禅师回答说："你一口喝尽西江水，我再告诉你。""不可能的！"我们会立即这样反应。但历史却告诉我们，禅师（马祖）的这句话却打开了问话者（庞居士）意识的深府。

也是这同一位禅师，把另一个和尚踢倒。这个和尚的错误在于问道："什么是佛祖西来意？"而这意味，"佛法的根本意义是什么？"但是，当这个和尚从地上起来，却拍手从内心大笑出来，说："多么奇怪，多么奇怪，世间一切形式的三昧，竟在一根发尖上，而我把它的秘密含义了解至最深处！”（也大奇，也大奇，百千三昧，无量妙义，只向一毛头上，一时识得根源去。）在禅师的脚踢和和尚这出奇的反应之间，究竟会有什么关系呢？在智性的层面是永远无法对它们做了解的。所有这些，虽看似莫名其妙，但那赤裸裸站在我们面前的最终实体，却是由于我们的概念化作用使然。那些“莫名其妙”的东西，实际上具有丰硕的意义，而使得我们得以把幕布穿透——这层幕布，只要我们停留在相对论的这一边，就是永远存在的。

2

这种在今日被称作公案的“问答法”，在当日实际发生的时候，并没有今日我们所加诸它们的那些看法。它们只是寻求真理者了悟的途径，是禅师们用来启发那些发问的和尚们的方法。对于禅，略似有系统的研究，是始于 12 世纪的宋代禅师们。这时期的一位禅师选了赵州的“无”作为一则公案，叫他的弟子们去参。赵州的“无”，故事是这样的：

赵州从谂是唐代的一位伟大禅师。一次，有个和尚问他：“狗有没有佛性？”大师回答：“无。”这个意义就是“没有”。但是，当这被当作公案时，其含义是无关的，重点只是“无”。师父叫弟子们集中整个的心在那没有含义的“无”的声音，而不论文意是“是”或“否”，或到底有没有意义，就只是“无”。

这“无”的声音一直要念下去，直至整个的心都被它浸透，而没有余地留给任何其他思想。这个有声无声地诵着这个声音的人，现在已同这个声音完全合而为一了。重复念着“无”的，已不再是一个个人，是“无”自己在重复着自己。当他移动的时候，不是一个意识到自己的人在移动，而是那个“无”与这个“无”在站或坐、食或饮、说话或沉默。个人从意识领域消失了——而这个意识领域，现在已完全被“无”占据。事实上，整个宇宙只不过是这个“无”。“天上天下，唯我独尊！”这个“无”即是这个“我”。现在我们可以说，这个“无”、这个“我”与宇宙无意识，三者是一，而一是三。在这种合一状态下，意识是处于独特情况的，我称此种情况为“有意识的无意识”或“无意识的有意识”。

然而这仍旧不是悟的经验。我们可以把它视做与“三昧”相应——后者意味“平衡”“一致”或“沉静”，或者“一种平静状态”。就禅来讲，这还是不够的。必须还具有某种觉醒，突破平衡，而把人重新带回意识相对层次，那时就发生了悟。但此所谓相对层次，并非真正是相对的，它是意识层次与无意识层次的交界处。一旦触及这个层次，人的通常意识就浸含了无意识中的信息。这乃是有限的心认识到它是根植于无限的时刻。用基督教的词义来说，这乃是灵魂直接或内在地听到活的神之声音的时刻。犹太人可以说，当摩西在西埃山听到上帝向他宣布说，我的名字是“我是‘我是者’”时，摩西就是处于这种心态。

3

现在的问题是，“宋代的禅师们如何会发现了这个‘无’，作为导致禅之体验的有效方法呢？”然而，这“无”中并无任何智性作用。此处的情况，同宋代以前师生间的问答是十分不同的。事实上，任何时候有任何问题提出，这“问”的本身都意含着智化作用。“佛是什么？”“自我是什么？”“佛的教训中最终的原理是什么？”“生命的意义是什么？”“生命值得活吗？”所有这些问题都似乎要求着某种“智性的”或可辨识的答案。当这些发问者被告以退回他们的屋子中，用心去学习这个“无”，他们如何接受呢？他们唯有目瞪口呆，而不知道如何去应用这个命题。

虽然确实是如此，但我们必须记得，禅的立场是要抛却一切疑问，因为疑问本身是与禅的精神相悖的，而禅所期望于我们的，是要着手于疑问者自身，而不是任何他所发生的东西。下面两个例子可以说明此点。

马祖道一是唐代最伟大的禅师之一，事实上，我们可以说，禅实际是从他做了一个起步。他对待发问者的方式可以说是最具革命性、最具原创性的。发问者之一是水潦，当他问禅之真理时，被大师踢倒[①]。另一次，马祖棒打一个和尚，后者的问题是想知道佛教的第一原理。另有一次，他给了一个人一记耳光，后者错误在于问道：“什么是佛祖西来意？”[②]从表面上看来，马祖所有这些粗陋的反应，都同所问的问题无关，除非我们把它认作是对那些聪明得竟弄出这类问题的人的一种惩罚。奇怪的是那些被打的和尚竟毫不恼怒。相反的，其中有一个竟如此兴奋喜悦，以致叫道：“多么奇怪，多么奇怪！经典中的一切真理，竟在一根发尖上！”大师踢和尚的背侧如何能产生这样一种超越性的奇迹呢？

据记载，另一位伟大的禅师临济，在被人家问到问题时，常发出令人莫解的喝声；又另一位大师德山，甚至在发问者还没有开口时，就挥起他的棒子。事实上，德山的名言乃是“有东西说也三十棒，没东西说也三十棒”（道得也三十棒，道不得也三十棒）。只要

---

① 见前，并参看笔者所写的 *Living by Zen*（London, Rider, 1950），p.24。

② 参看笔者写的 *Studies in Zen*（London, Rider, 1955），pp.80 ff.。

我们仍旧留在相对的或智力的层面上，我们就永远不能从禅师们的行为中见出什么意义；我们永远看不出在所问的问题与禅师们似乎易怒的行为间有任何关联，更不必说这些行为在发问者身上所产生的影响。整个的转机不相关，的确不可解，至少说来也是令人困惑的。

4

实情是，含藏着人类生存整体的东西，不是一件属于智性的事，而就最初始的字义来说，属于意志的事。智力可以提出各种各样的问题——而它这样做是完全正确的——但要期望从智力获得任何最终的回答，这确实是对它要求过高了，因为这不是在智力本性之内的。答案是深深埋在我们生命的床岩之下的。要把这床岩打开，需要意志受到最基本的震撼。当一个人感受到这种震撼，知觉的诸门扉就会打开，而此前所未曾梦见的一个新界域呈现出来。智力提出问题，但处置问题的却不是提议者自身。智力——不论我们怎么说它——终究是表面的，是漂浮在意识层面上的一种东西。为达到无意义，这个表面必须打破。但是，这个无意识若还留在心理学领域，就不可能产生禅宗意义的悟。心理学必须被超越，并且必须叩及我们可以称之为的“本体无意识”。

宋代的禅师们，在长久的体验与对弟子的教育中，必然是发现了这个事实。他们要用“无”来把智力的障碍打破——在这个“无”中，没有一丝智力作用，而只有那越过了智力的意志。但是我要提醒我的读者，不要把我认作是彻头彻尾的反智性主义者。我所反对的是把智性认作最终的实体本身。实体在何处，这确实是必须用智性来决定的，不论它何等模糊。但是要抓握到实体，却只有在智性弃权之后才可能。禅宗知道这个道理，并因此把看似有几分智性成分的话提出来作为公案，这种话在表面上看来似乎要求着逻辑性的处理，或者，更正确些说，看来似乎有着这类处理的可能性。下面的例子可以证明我的意思。

据说六祖惠能要求向他发问的人说："把你未生之前的本来面目给我看。"又曾经问南岳怀让——惠能的弟子之一——说："来的是什么东西？"宋代的一位禅师问道："当你死后，烧成了灰，而灰又撒尽之后，我们在何处相遇？"

日本近代的一位大禅师白隐和尚，常常在他们弟子面前举起一只手，说："让我听听一手拍掌的声音。"在禅宗里常有许多诸如此类不可能的要求："用你空手里握着的锄头，骑着驴子的时候走路。"（"空手把锄头，步行骑水牛。"《指月录》卷二，第 14 页）"说话不用舌头""奏无弦之琴""止住这淫雨"，这些令人困惑的命题无疑会使得智力到达最紧张的程度，最终被认作是莫名其妙，不值浪费心力。然而，对下面这个自人类意识觉醒以来，就使哲学家、诗人与思想家们极为困惑的问题，却没有人会否认它合乎理性："我们从何来？往何去？"而禅师们所有这些"不可能"的问题或陈述，却只是前面那"合乎理性"的问题的"不合理"变奏。

事实上，当你用"合理"的方式来看公案时，一定会遭到禅师的回拒，有时是断然的，有时甚至是讥嘲的，而并不告诉你为什么如此。这样，当你晋见他几次之后，你会不知该怎么办，只有不再理睬他，把他当作"糊涂老顽固"，或当作丝毫不懂"现代理性思考"的家伙。但事实上，禅师远比你对他的判断更知道他在做什么，因为，禅终究不是任何智力的或辩证性的游戏。它所面对的是某种超乎事物的"合理性"的东西，在那里，他知道有着"使你自由的真理”。

不论对任何题目我们做任何陈述，只要它仍旧诉诸逻辑性的处理方式，它就无可避免地停留在意识层面。智力在日常生活中可以为我们提供许许多多用途，甚至于到达毁灭个体或整个人类的地步。无疑，它是一种最有用的东西，但它却无法解决我们每个人在生命过程中必定要遇到的最终问题。这个问题即是生与死的问题，而这关乎着生命的意义。当我们面对这个问题，智力必然得承认它无能为力，因为它必然会碰到死巷或不能越过的墙，这是它本性所无可避免的。智力的死巷——这是我们现在被驱迫进去的——正如“银山”或“铁壁”矗立在我们面前。要想穿越，不仅是需要智力的演练或逻辑的诡戏，而是需要我们整个生命的投入。禅师会告诉我们，那就像爬一根百尺的竹竿，当你爬到尽头，却还得再进一步——那就是一个致命之跃，而根本不再顾及你存在的安危。当你这样跃出的片刻，你发现你安安全全地在“盛放的莲花座”上。扑跃永不可能由智力达成，或由事物的逻辑性达成。后者只能维持，但却永不能做越过鸿沟之跃。而这个，尽管其表面上的逻辑具有不可能性，却是禅期望我们每个人都去做的。为此，禅宗常在背后刺激我们，让我们继续合理化思考的习惯，以便让我们自己去看清楚，用这种荒瘠的方式可以行走多远。禅清楚知道这种思考的界限何在。但是，一般而言，除非我们发现自己身处这个死巷，我们是不知这个事实的。为了唤起我们整个生命，这种亲身经验是必要的，因为我们平常太易于满足于我们的智力成就，而这些成就，终归说来，只是关乎于我们表面生活的。

使佛陀最终觉悟的既不是他的哲学训练，也不是他的禁欲或德性上的严格奉行，佛陀是在放弃了所有这些围绕在我们生活外围的表面实践时，他才达到了觉悟。智性作用、德性作用或概念化作用，只是为了让我们去知道它们的界限。公案的训练是意在使我们深切地痛感这个道理。

如我前面所说，以最初始意义而言的意志，比智力更为基本，因为它是存在于一切存在物的根基中的原理，并且是它，把所有的存在物结合为一。岩石在它所在之处——这是它的意志；江河泊流——这是它的意志；植物生长——这是它的意志；鸟雀飞跃——这是它的意志；人类说话——这是他的意志。四季变迁，天降雨雪，大地有时震动，波涛滚动，星辰闪耀——各随它们的意志。存在即是意志，也因此即是成为（become）。在这个宇宙中绝没有任何东西没有其意志的。所有这些意志由之流出——而无限变化——的大意志，乃是我所称的“宇宙（或本体）无意识”，那是无限可能性的零位储藏所[①]。如此，“无”，由于在意识的感受层次所产生的作用，而与无意识相连。那些看起来似乎是智性或辩证性的公案，最后也同样在心理学上导致意识的意志中心，然后导向渊源本身。

5

如我前面所说过的，禅的学生，在伴随师父几年——不，甚至是几个月——之后，会走到一种完全停顿的状态。因为他不知道有何路可走；他曾在对待的层面上试图解决公案，但无论如何没有效果。现在他已被逼到无路可逃的角落。在这个时候，他的师父会说：“这样被逼到角落是好的，已经是你该完全向后转的时候了。”

① 即老子的“无名天地之始”的“无名”状态。

这位师父可能还会继续说："你必须不再用头思想，而用肚子。"

这听起来十分奇怪。依照近代科学，头充满着灰的、白的，这般、那般连接着的细胞与纤维。禅如何能不顾这个事实，而叫我们用肚子去思想呢？但禅师是一种奇怪的人。他不会听你关于近代或古代科学等等的话。他从他的体验中，更知道他该做什么。

对这种情况，我有我的解释法，尽管或许不合科学。我们的身体，以功能而论，可以分为三部分，即头、肚腹与四肢。四肢是为移动的，但两手却已分化出来，而沿着它们自己的路途发展了。现在，它们是为了创造活动。这两只手和十个手指，铸造一切东西，以便使身体的生活更好。我的直觉是，手发展在先，然后才是头的发展——后者逐渐变为独立的思考器官。当手以这种或那种方式应用着时，它们必须同地面离开，而与低等动物的前肢有所区别。当人类的手这般从地面离开，而把移动完全留给脚部时，手就能随着它自己的路线发展，而这又转而使得头部直立，使得眼睛更为广泛地察见周遭。眼睛是智性的器官，而耳朵则是较为原始的。至于鼻子，由于眼睛现在开始收入更广泛的视域，它最好是离开地面的。视域的这种扩充，意味心灵变得越来越为离开感觉对象，而使得它自己成为一种智力的抽象作用与概念化作用的器官。

如此，头象征了智力，而眼睛，以它的运动肌成为头的有用工具。但是，装着内脏的肚腹却是由不自主神经所控制的，而代表着人的身体结构中最为原始的进化阶段。肚腹部分是更为接近自然的，而自然是我们每个人所来之处，将来所至之处。因此，它们与自然处于更为密切的接触，能够感觉到它，与它谈话，而"察视"它。然而，这个察视却不是一种智力的作用。如果我可以这样说，我要说，它是情感的。“感觉”可能是更好的用词，设若我们以最基本的意义来应用它。

智性的察视是头脑的作用，而因此不论我们从这个来源对自然界做如何的了解，那都是一种自然的抽象物，或自然的代表，而不是自然本身。自然不把它自己的本来面貌显示给智力——即头脑。是我们的肚腹部分感觉它，并了解它的本然。这一种可称为情感性或意志性的了解，是把整个人包括在内的，而以腹部为其象征。当禅师告诉我们把公案放在肚子里，他的意思是说，公案是该由人整个的生命去含蕴的，人应当把自己完完全全同它合一，而不要智性地或客观地看待它，把它当作某种与我们相离的东西。

一个美国科学家有一次到一些原始人那里去，当他告诉他们，西方人是用头来思考的，原始人认为美国人一定全是疯子。他们说：“我们用肚子思想。”中国人和日本人——我不知印度是否如此——在某些难题发生时，往往说：“用肚子想想吧。”或者，只简单地说：“问问你的肚子。”如此，当任何与我们的存在关联的问题发生时，我们就被告以用肚子去“思考”——而不是用任何可分开的身体部分。“肚子”表示我们生命的整体，而头部——这是身体最迟发展的部分——却代表着智力。智力本质上是把物体客观化，加以思考。因此，特别是在中国，理想中的人是形体很胖、肚子很大的人，如所描绘的布袋[①]然，后者是将来的佛——弥勒佛[②]——的化身。

---

① 布袋，七福神之一，形似弥勒佛。

② 参考笔者所写的 *Manual of Zen Buddhism*（London, Rider, 1950）中第 129 页的插图，那是一个理想的禅者走出来，要去市场——即世界——以拯救众生。

用肚子去“想”，实际上是说，把横膈膜放松，使得胸部器官有空间适当运作，而保持着身体的稳定和良好的调整来接受公案。整个的程序不是把公案作为智力的对象，因为智力总是把对象从自己分开，从一个距离之外去看它，就好像极怕触及它，更不必说用自己赤裸的手去抓住它了。禅正相反，不但告诉我们用手、用肚子抓住公案，并且要完完全全同它合一。因此，当我吃或喝，那不是我在吃或喝，而是公案在吃或喝。当这种情况达到之后，公案就自行解决了，而不需我做什么。

至于人的身体结构中，横膈膜的意义，我完全不知医学的观点如何，但我以某些体验为基础，对它的常识性的了解是，横膈膜以其与腹部相连而言，对于个人的安定感有着很大的关系，这种安定感是由更为密切的与事物的根基相连而来；这即是说，与最终的实体相连而来。建立这种关系，在日文中称为“下功夫”。当禅师告诉你，用你的肚子对公案下功夫，他的意思不过是叫你成功地建立起这种关系。试图建立起横膈膜与肚子及最终实体之间的关系——这可能是个原始的或者前科学的说法。然而，无疑，我们对于自己的头部以及它在智力活动方面的重要性，也未免过于神经质了。无论怎么说，公案不是用头部来解决的；这就是说，不是用智力或哲学的方式去解决的。在开始时，逻辑的趋近方式不论看似多么可能，公案到最后注定要用肚子部分来解决。

以禅师手中的棒子为例。他拿着它，宣布说：“我说它不是棒子，你说它是什么？”这看起来似乎是要你做一个思辨性的答复，因为禅师的话等于说：“如果A不是A，它是什么？”或“当上帝不是上帝，他是什么？”在此处，逻辑的同一律被冒犯了。当A一旦被界定为A，它必须一直为A，而永不可为非A或B或X。

禅师有时可能会做另一个宣称："这棒子不是棒子，而又仍旧是棒子。"当一个弟子带着逻辑头脑走向禅师，宣布这个挑战根本是莫名其妙，他准会遭到禅师手上这根棒子的敲打。弟子必然会被逼到死巷，而无可逃脱，因为禅师强硬无比，而且绝不向任何智性压力屈服。现在，不论弟子被强迫着去做的"工夫"是什么，都是在他的肚子部位，而不是在他的头脑部位。智力让位给意志。

举另一个例子。六祖要见"你未生之前的本来面目"。辩证在此处是无用的。这一个要求与基督所说"没有亚伯拉罕，我就有了"是相应的。传统上基督教的神学家们对于这句话所做的解释无论是如何，基督的"有"却违反了人类的时序观念。六祖的"本来面目"亦是如此。智力尽可以做它的解释，但基督与六祖必然会把它当作不相关的而加以摒弃。现在，须要向横膈膜低头，而心智要向灵魂低头。逻辑与心理学都要退位，要放到超越一切智性化作用之外。

再继续这个象征性的说法：头是意识，而肚子是无意识。当禅师告诉他的弟子，用身体的下半部去"思想"，他的意思是说，要把公案放到无意识中，而不要放到意识领域中的意识里。公案是"沉入"整个存在中，而不是停留在表面。当然，无须说，从文字上看，这是绝不明白的。但当我们了解到，这公案所"沉入"的无意识底层，是连阿赖耶识（包罗一切的意识）[①]都不能掌握的，则我们就知道，公案不再是在智力领域的，它是彻底同一个人的自我相合一的。如此，公案已越过了心理学的一切界限。

---

① 参考《楞伽经》（*The Lankavabara Sutra*, London, Routledge 1932），pp.38，pp.40，pp.49等，并参看笔者的 *Essays in Zen Buddhism*, Series1（London, Rider, 1949），p.253 ff.and p.252 ff.。

当所有这些界限都被越过之后——而这意味甚至越过了所谓的集体无意识——人就达到了佛教所称的“大圆镜智”。无意识的黑暗已经突破，而人看到所有的事物，如在光明的镜子中看到自己的面目一样。

6

用公案的方式来学禅，如我前面所说过的，在中国是始于 12 世纪的宋代禅师们，诸如五祖法演（死于 1104 年）、圆悟克勤（1063—1135）和大慧宗杲（1089—1163）。但 13 世纪禅宗传入日本之后不久，日本也开始有了系统的研究。在一开始，公案被分为三类：直觉的（理致）、行动的（机关）和最终的（向上）。后来到第 17 世纪，白隐和他的弟子们把分类扩充为五种或六种，但基本上，原先的三分法还是好的。然而，自从这个分类完成之后，属于临济派的学生们，都循着这条路途来研习禅，而这种研习多多少少也是有点陈腔滥调，就以此种情况而言，已显露出败坏的征兆。

学习公案的学生，古典的典型例子，在中国可见之于佛光国师（1226—1286），在日本见之于白隐（1685—1768）[①]。不用公案的方式来研习禅，在中国以临济（死于 867 年）为例，在日本以盘珪（1622—1693）为例[②]。对于禅的心理学研究有进一步兴趣的人，请

---

① 参看笔者的 *Essays in Zen Buddhism*, Series1（London, Rider, 1949），p.253 ff.and p.252ff.。

② 临济语录，是由他的弟子所编写，包括一万三千三百八十字，被认作禅宗语录的最佳纪录之一。1120 年所出现的宋代版本，被认作是以更早的版本为根据的，但后者已失传。参看笔者的 *Studies in Zen*, pp.25 ff.。

至于盘珪，请参看笔者的 *Living by Zen*, pp.11ff.。他强烈反对盛行于他当时的公案习禅法。他与白隐同代，但较为年长，就我们所有的材料，后者对他一无所知。

参考笔者关于这个题目的其他著作。

此处我要附加几句话。jñāna（识）通常都被译为“知识”，但译为“直观”更为正确些，有时我把它译为“超越智慧”，特别是当它以“pra”为字头时，例如prajñā（般若智）。事实上，即使在我们直观时，客体仍然是在我们面前，而我们知觉到它，或观察到它，或看到它。此处就有着主体与客体的二分法。在般若智中，则这种二分法已不再存在。般若智所关涉的不是有限客体，它是物的整体意识到它的整体，而这个整体却根本不是有限界的。一个无限的整体超乎我们平常的人性理解。但般若直观却是对这无限所做的“不可解的”整体性直观，而这是我们日常局限于有限的客体或事件的经验中永远不会发生的。因此，换句话说，只有当感官上和智力上的有限客体同那无限自身相同一时，般若智才能发生。与其说这是无限见到其自身的本来面目，不如说一个属于主体与客体二分世界的有限物，现在被般若智从无限的观点所察看，因为后面这种说法更近于我们人类的经验。象征地说，有限这时在无限的镜子中照见了自己。智性告诉我们，客体是有限的，但般若智则相反，它告诉我们客体是超越相对领域之外的无限。从本体论的意义说，这意味一切有限客体或存在物之所以可能成为这客体或存在物，是由于那作为其基本的无限；或者说，诸客体是相对的——因此也是受限定的——铺陈在无限领域上，没有后者，它们就没有停泊之处。

这使我们想起圣保罗致哥林多人的书信（哥林多前书十三章十二节），在其中他说[①]：“目前，我们是看看镜子里混淆的反映；

① Knox版。

那时，我们将面对面看；现在，我只有知识的一些晃现；那时，我将认识上帝，如他认识我。”“目前”或“现在”意指相对的和有限的时序，而“那时”则是永恒——就我们用词来说，即是般若直观。在般若直观或“知识”中，我看到上帝的本来面目，而不是他“混淆的反映”，或者他的一些片断“晃现”，因为我“面对面”站在他面前——不，因为我之存在犹他之存在。

当无意识——即是阿赖耶识——的底层被突破，所显现出来的是大圆镜智，这也就是般若直观。那一切所由出的原本意志并非盲目和无意识；它之所以似乎如此，是由于我们的无知，这无知使那镜子模糊，甚至于使我们昧于它的存在。盲目是在我们这一边，而不是在原本的意志那一边，它既是基本智慧的又是意志的。这意志是般若智加慈悲。在相对的、有限的层面上，我们对这个意志的所见是片断的；这即是说，我们易于把它当作与我们的心灵活动相分离的某种东西。但当它在大圆镜智的镜子中显现其自身时，它即是“本来面目的上帝”。在其中，般若智与慈悲是不分的。当提到其一，其二必无可避免跟着一起出现。

我不得不另外再说几句。在公案的训练中，当禅师提出一个问题，而弟子接受时，我们常常说到一种人际关系。特别是，当禅师严厉而无可更改地反对学生的智力研习法时，学生会由于不知所措，感到似乎要禅师的援手来把他救起。在禅中，禅师与学生之间的这种关系是不被许可的，因为它不能导致学生的开悟。因为从学生的无意识中生起的是“无”的公案——象征着最终实体——而不是禅师。使得禅师把学生打倒，而学生觉醒之后，反过来打禅师耳光的也是“无”的公案。在这种角力式的关系中，没有有限意义的“自我”在内。在禅的学习中，这一点不可做错误的领会，是极为重要的。

五、五个步骤（五位）

在此次座谈会的早期，我曾收到一些问题[①]，我看过之后，觉得大部分都偏离了禅所围绕着移动的中心或轴。这使我决定今天对禅的生活和教训做更进一步的说明。

禅，我们可以说，是这么一种奇异的题材，关于它，不论我们

---

① ·在禅的著作中，何以对文化条件、社会结构与人类福祉的关切如此之少？与这个问题相关的是，禅（发现最终的自我）用于成为致死的原因，如在剑术中。如此，在这样一种对自我的回返中，是否对于人人风云不测的生活，有迟钝感的危险？禅师和学生们是否参与他们所处时代的社会问题？

·禅对于伦理的态度如何？对政治与经济剥削的态度如何？

·悟与基督教中所说的改宗（译注：由不信教变为信教的转变）之间有何区别？在你的一本著作中，你说你想它们是不同的。除了在谈论这件事情中所用的文化语言的不同之外，是否还有任何其他的不同？

·在基督教的神秘主义中，充满了爱欲的图像——在悟中是否有任何此种痕迹？或者，是在悟的先前阶段有这种痕迹？

·禅是否有一个标准以分辨真正的神秘体验和幻觉的体验呢？

·禅对于个人的历史，他的家庭、教育和社会建制所给予他在同自己疏离方面的影响，具有何种兴趣？我们有一些人关心这件事，想由个人的教育与社会建制方面的改善，来阻止后代的这种疏离。如果我们知道是什么东西造成不健康，或许我们就能够做一些事情，使得成年人的危机在发生之前，不致发展出来。

·禅是否曾提及何种童年的发展经验最能导致成年时的开悟？

·禅师们对待学生，开始时似乎不顾及学生本身是何种样子，或者说，至少并不明白或直接表示出此种注意。然则我们仍旧可以想见，这样一个人学禅可能是出于虚荣，或意在寻找一个新的神——这种需要他自己可能是无意识的。如果他认识到这件事实——即是，他自己的方向只能把这种体验变成灰烬——则是否有助于他发现那正确的路途？禅师是否会说出他个人的感受以及在寻道途中可能遭遇的阻碍？即或未尝这样做，我们是否可以设想，如果这样做了，是否会使学生更易于达到目标？

·就你对心理分析的了解而言，你觉得它能够向患者提供开悟的希望？

·对于可能出现在坐禅中的心象，禅的态度是什么？

·对于情绪的成熟，以及人在社会存在——即“人际关系”——中的自我实现等问题，禅是否关心？

说多少或写多少，仍旧无法穷尽它的内容。反过来说，如果我们想如此，我们可以举起一根手指或咳嗽一声，或眨眨眼或发一个无意义的声音，而就能证明它。

因此，有人说，即使所有的海水都变成墨汁，所有的山都变成笔，整个世界都变成纸，如果用来写禅，仍旧书写不尽。如此，我的拙嘴——与佛陀是很不相同的——在前面四次座谈中未能使各位对禅有所了解，也就不足为怪了。

下面所说的，在禅的训练中的五个“步骤”，将会有助于我们对禅的了解。这五个步骤称作“五位”，“位”的意思是“境地”或“阶段”“步骤”。这五位可以分成两组：睿智的和情意的。前面三位是睿智的，后面两位是情意的。中间的一位，即第三位，是睿智开始转入情意，知识开始转为生命的转折点。此处，禅生活中的睿智的了解变为动力性的。“道”有了血肉；抽象的观念变形为一个会感觉、会意欲、会希望、会痛苦而能够去做一切工作的活人。

最后两步中的第一步，禅者努力尽他最大的力量在现实中去实现他所证到的道理。在最后一步，他达到了终点，而这其实是没有终点的。

五位如下：

1. 正中偏——“在正中的偏”
2. 偏中正——“在偏中的正”
3. 正中来——“从正中出来”
4. 兼中至——“到达兼”
5. 兼中到——“安于兼”

正与偏，像中国哲学中的阴与阳一样，构成了一种两极。正，其字义是“正”“直”“公”“平”，而偏，其字义则是“偏”“片面”“差别”“不平衡”。两者的英文对等语为：

正

绝对（the absolute）

无限（the infinite）

一（the One）

神（God）

暗［dark 未分（undifferentiation）］

同一（sameness）

空［emptiness（śūnyatā）］

智慧（般若）［wisdom（prajñā）］

理——普遍的（the universal）

偏

相对（the relative）

有限（the finite）

多（the many）

世界（the World）

明［light 已分（differentiated）］

差别（difference）

名相［form and matter（nāmarūpa）］

爱（慈悲）［love（karunā）］

事、个体（the particular）

1

正中偏，“正里面的偏”，意味那蕴涵在多中的一、世界中的神、有限中的无限等。当我们思想时，正与偏就是相对的，而不能合一。但事实是，正既不能独自为正，偏也不能独自为偏。使多（偏）之为多的，是因为一在其中。而设若一不在其中，我们甚至连说也不能说起“多”。

偏中正，“偏里面的正”。如果一在多中，多必然也在一中。多使一成为可能。神即是世界，而世界是在神之中。神与世界是分别的，但又是同一的，因为神不能够存在于世界之外，而其一与其二不可分辨。它们是一体，然则又各自保有它的个体性：神是无限无边被分化，而由各个体所构成的世界则在神的怀抱中寻得安息。

现在我们到达禅者生活中的第三步。这是最为重要的转折点，在此处，前两个步骤中的睿智，现在变为意志，人变成了一个活生生的、有感情有意志的人。在此之前，他仅具有智性，仅具有头脑。而现在，他具有了身躯，身躯中的一切腑脏以及肢体——特别是他的手，甚至像观音菩萨般可扩充至一千（象征无限）。而在他内在的生命中，他则觉得像佛陀出世时所说的话一样：“天上天下，唯我独尊。”

附带说一句，当我引用佛陀诞生时所说的这句话时，有科学头脑的人可能会笑笑说：“多么胡说！一个刚刚从妈妈肚子里生出来的婴儿怎么可能说出这么深富哲学意义的话？简直是无法令人相信！”我想这是对的。但我们必须记得，一方面我们是理性动物，另一方面我们同时又是最非理性的动物，喜欢各式各样的荒唐事——这些事我们称为奇迹。基督不是从死里复活升至天国吗？——尽管我们不知道那是何种天国；他的母亲，童贞玛丽亚，不是在活着的时候完成了同样的奇迹？理性告诉我们的是一回事，但在我们每个人心中都有理性之外的某种东西，使我们甘愿接受奇迹。事实上，我们这些最为普通的人，尽管所属的宗教各有不同，却无时无刻不在完成着奇迹。

路德曾说："我站在此地，我唯有如此。"当百丈怀海被人问到，什么是最为奇异的事情时，他回答说："独坐大雄峰。"大雄峰是百丈怀海的寺庙坐落之处。在中文原文中并未说明是谁或什么东西在坐，而只是"独坐大雄峰"。坐在那里的人同山不分。禅者，尽管是处在众生纷纭的世界中，他的孤独仍是显然的。

临济的"无位真人"亦是现在我们面前的每个人，是听着我说话的人，或看我书的人。这岂不是我们每个人所经历的最为奇异的事情？因此，哲学家们就有"存在的神秘"之感——设若他真正感觉到它。

我们常常说到"我"，但我只是一个代名词，而不是实体自身。我常常想问："这个'我'代表什么？'我'和'你'或'他'或'她'及'它'都不过是代名词，而在它背后的是什么？你能够把它挑出来，告诉我说'这就是'吗？"心理学家告诉我们，"我"是不存在的，它只是一个概念，意指一个结构或诸种关系的合成。但奇怪的是，当这个"我"愤怒时，它会想毁灭全世界，以及它所象征的那个结构本身。这一个"概念"从何处得来动力呢？是什么东西使得这个"我"宣称它是存在中的最真实之物？这个"我"不可能只是一个虚影或幻象，它必然是某种更为真实的东西。而它确实是真实的，因为它就"在此"——在此，正与偏结合为活生生的矛盾合一体。"我"所具有的一切力量都是从这个合一体而来。爱克哈特（Meister Eckhart）说，生活在上帝中的一个跳蚤，也比一个凭空的天使更为真实。空幻的“我”绝不可能是“至尊者”。

“正中来”中的“正”，与“正中偏”或“偏中正”里的“正”不是同一意义的。“正中来”里的“正”，要和后面的“中”连在一起念，念为“正中”，其意义为“从正（而正即偏）与偏（而偏即正）中直接而来。”“来”即是“出来”之意。因此，整个的句子意味：“从正与偏的矛盾合一中直接出来的人。”

如果我们用A代表正，B代表偏，则第一个步骤可用下面的图形表示：

A ⟶ B

第二个步骤是：

A ⟵ B

第三个步骤是：

A ⇄ B

但由于第三个步骤表示着从睿智到意志的转折点，以及从逻辑到人格的转折点，因此该当用下图来表示：

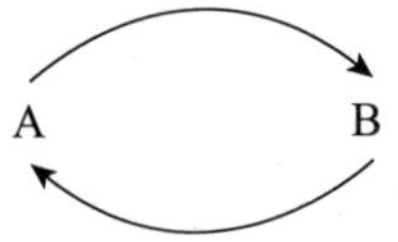

即是说，每一个直线都变为曲线，以表示运动状态；而我们必须记得，由于这个运动不是机械式的，而是活生生的，是创造性的，是无穷尽的，因此，曲线的箭头还嫌不足。或许我们可以用圆环来象征整个运动，使它成为一个无尽转动的法轮形象：

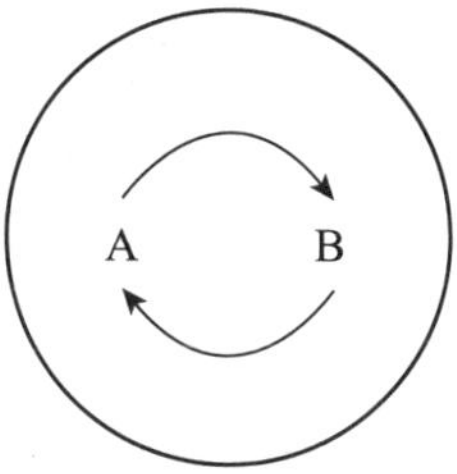

或者，我们更可以采用中国阴阳哲学的象征，作为“正中来”的象征：

“正中来”里的“来”是深具意义的。运动由此处表示出来，与第四步骤“兼中至”里的“至”同等重要。“来”是“出来”，而“至”意味“到达目的的历程”，或者“正在移向目标”。逻辑性的抽象物，Logos（道）现在步出樊笼，而化身为人，如“金毛狮子”般，直接步入纷纭万象的世界。

这个“金毛狮子”就是“我”，他同时是有限的和无限的，不居的又是恒久的，受限制的又是自由的，绝对的又是相对的。这个活生生的形象使我想起西斯廷教堂中米开朗琪罗的《最后的审判》。但禅宗的“我”，就以其外在的显象而言却与基督完全不同，他不像基督这般充满着力量，展用权柄与命令。他是柔和的、不引人注目的，并充满谦卑。

有些哲学家和神学家，把东方的“沉默”同西方的“道”——这个“道”化成了肉身——相对比。然而，他们未尝了解到，东方的“沉默”真意何在，因为它并不与“道”相对立，而是道的本身，它是那“如雷般的沉默”，而不是沉入空无深渊的沉默，也不是那落入死亡的永恒冷漠的沉默。东方的沉默，犹似台风眼，它是风暴的中心，没有它，台风的移动就不可能。把这个不动的中心同它的周遭分开，是把它概念化，而毁坏了它的意义。台风眼是使得台风成为可能的东西。眼与台风互相结合而构成台风整体。在水面上静静移动着的鸭子，不可同它在水面下急急划动着的脚分开——尽管我们看不到它的脚。二元论者往往未曾见到整体。

那些以二元论的观点来思考的人，往往偏重于动的一面或可见的一面，而忽略了其他一切，把动的或可见的一面赋予最大的重要性。譬如，芭蕾舞是典型的西方产品。身体与肢体的律动以最为复杂而和谐的活动方式进行着。我们再看看日本的“能”，何等不同！芭蕾舞几乎全是运动，几乎是脚不着地。运动是在空中进行的，几乎没有静止状态。在“能”一方面，舞台所呈现的却是一个全然不同的景观。静定、庄严，就似乎在行一种宗教仪式，舞者的脚部稳定地落在地面上，而他的重心放在腹部，他从花道[①]步出，走向凝视着他的观众。他动着而犹如没有动。他表现出老子的“无为之为”的教训。同样，禅者永远不是显目的，他总是自我隐没的，全然不矫作的。当他宣称自己为“至尊者”时，在他的外在没有任何形迹显露出他的内在生活。他是不动的动者。而事实上，这正是那真正的“我”出现之处——不是我们每个人日常所肯定的那个“我”，而是在无限中发现其自身的那个“我”。

① 花道：日本旧剧舞台的一部分，由舞台旁侧贯通观众席的演员上下场的一条道路。

这个“我”是我们每个人最安全的基地，是我们每个人都可以在自身中发现的。在这个基地上，我们每个人都可以没有惧怕，没有焦虑，没有犹豫不决的折磨。这个“我”几乎可以被人以为根本没有它的存在，因为它一点也不跋扈，它从不喧闹地要求被人认知，被人看得最重。二元论者没有见到此处，他们推崇芭蕾舞，而感到“能”令他们厌倦。

我们曾讨论过沙利文的焦虑观念，而认识到，焦虑可以分成两类，即精神官能性的焦虑与存在的焦虑，并知道后者是更为基本的焦虑，并且，当这基本的焦虑解除之后，精神官能性焦虑就不治自愈。所有的焦虑，其起源都是由于在我们的意识中感到对我们的处境不完全知悉，这一种知识的缺乏导致不安全感，并因此产生各种程度的焦虑。不论我们遭遇的是何种处境，这个“我”都是这个处境的中心。因此，当我们对这个“我”不能彻底知悉时，诸如下面的想法与问题就会不断折磨我们：

“生命有什么意义？”

“所有的一切真正都是‘虚空的虚空’吗？设若如此，是否还有希望去抓到那真正值得追求的东西？”

“我被丢进这残酷的现实旋涡中，一切都是受摆布的，一切都是被限制的，一切都是绝对无法更改的。我多么无助！我只是命运的玩偶。然而我渴望自由；我要做自己的主宰，我无法为自己做抉择，然而不管怎么样，我却非做选择不行。我不知如何是好。但是，在这一切困惑人、折磨人的问题后面的那个‘我’又是谁呢？”

“何处是安全的地方，可以让我没有焦虑之感呢？或者，什么是‘我’？因为，我知道，‘我’可能就是那安全之处。这难道竟是我到现在还没有找到的吗？我一定得找到这个‘我’，然后就一切都安然了！”

2

“正中来”已经对所有这些问题做了回答，但是，当我们到达第四步“兼中至”时，我们对于这个“我”就知道得更多，对于它强烈的行为知道得更多，然而，这行为却是无为。这一种情况，我希望在我们到达第五步时，能够变得明晰，在第五步时，禅者已经到达他最后的目标。在此处，他纯朴地坐着，身上布满了尘埃。

现在让我们说一说第四个步骤。事实上，第三步和第四步是密切相连的，我们无法把它们确切分开。

当禅者的心灵还处于逻辑或认知状态时，他仍旧会意识到正与偏，把它们认作是矛盾的统一。但当走入“兼中至”时，他已经从台风眼中走出，而投身到风暴之中。正与偏这时一同抛却。他现在自己即是风暴。

“兼”意为“两者”，既是黑又是白，既是暗又是明，既是爱又是恨，既是善又是恶——而这乃是禅者现在生活于其间的世界实况。“正中来”仍残留着第一与第二步骤的余迹，但“兼中至”则已完全把它们丢在背后，因为现在生命自身把一切智性上的困惑悉行剪断，或者更确切些说，它现在无所区别地、整体地包容了睿智的与意志的一切事物。现在它面对着我们所处身于其中的整个世界，以及它的一切“残酷事实”。禅者现在直接“落足”（至）于这个世界。他真真实实的生活于焉开始。“兼中至”的意义乃是：“他现在步入二元世界（兼）之中。”禅者的慈悲生活现在是真真实实开始了。

赵州从谂，唐代伟大的禅师之一，他的寺庙所坐落的山中，有一座出名的天然石桥。有一天，一个和尚来拜访赵州，对他说：“您的石桥是天下闻名的，可是我看起来却不过是驼背的木桥而已。”

赵州回答说：“你只看到驼背的木桥，却没见到真正的石桥。”

和尚说：“什么是石桥？”

赵州说：“骡马从上过，驴子从上过。”

恒河的沙，尽管被千万牲口践踏，尽管千万牲口的屎尿排在上面，却从不抱怨。千万牲口的脚印在恒久的时间中都慢慢被平复，而它们的屎尿都被吸收，留下那沙子永远是干净的。赵州的石桥亦是如此：不仅是骡马、驴子从上面经过，现在还有各式各样的交通工具，包括汽车、大卡车等，而它永远都愿意荷载它们。即使当它们滥用了它的温厚，它却仍旧一丝未被骚乱。禅者的“第四个步骤”正像这样一座桥。当他的左脸已经被打，他可能不会把右脸也转过来，但他却为了他的人类同胞之福利默默地工作着。

一个老妇人有一次问赵州：“我是个妇人，妇人的生活真是可怜。小时候，她要听父母的命令。出嫁后要听丈夫的命令。等到老了，又要听儿子的命令。她的生活除了听命之外就没有别的。为什么她必须过这种永无自由和独立的生活呢？而有些人却连一点责任也不必负担，为什么她不能像这些人一样呢？我反对这种古老的生活方式。”

赵州回答说（愿你这样想）：“让别人去拥有他们所要的吧，至于我，我愿继续命运给我的任务。”

我们可能要抗议，赵州对老妇人的劝告，无疑是要她过一种绝对依存的生活方式，这与现代的生活精神是完全相悖的。他的劝告太保守、太消极、太自我溟濛，不顾个人的独立性。难道这就是佛教所谓的忍、受与无为吗？我并不想替赵州辩护。

但让我们选一个例子，可以使赵州自己去回答这个问题并表明他自己的看法。

有人问他："你真是了不得的圣人啊！当你死后，你要到哪里去呢？"

大师回答："我要在你们所有这些人之前到地狱去！"

问话人如闻晴天霹雳，说："这怎么可能？"

大师毫不犹豫地回答："如果我不先到地狱，谁会等在那里救你们这些人呢？"

确实，这句话说得刺人，但从赵州的禅的观点来看，他是完全对的。此处他毫无自私的动机。他整个的生命都是为了他人。设若不是如此，他不会这般毫无隐讳地直言直语。基督说："我是道路。"他召唤别人从他得救。赵州的精神与基督相同。他们两者都没有骄横的自我中心精神。他们只是朴直地、全心全意地表白他们的爱之精神。

有一个人问赵州："佛是觉者，并且是一切众生的大教师。他一定是完全免除了所有的烦恼，是不是？"

赵州回答说："不是，他有最大的烦恼。"

"这怎么可能！"

"他的大烦恼就是要拯救众生！"这是赵州的回答。

日本一位伟大的禅师曾把禅者在这一方面的生活做如下的描绘：

菩萨在对立矛盾物中转换——黑与白、暗与明、平等与差别、一与多、有限与无限、爱与憎、友与敌等。在尘与灰中，菩萨以无限变化之身，头上、脸上都是泥泞灰尘而工作着。在那种种烦恼无限混乱中，菩萨在世事的变迁无定中生活，正如日本谚语所说：“七次翻覆，八次站起。”他像火中莲花，在火的洗礼中，越烧越亮。

临济对他的“无位真人”有如下的描绘：

“他在屋子里，但并没有离开路，他在路上，但并没有离开屋子。他是常人还是大圣人？无人能断。连魔鬼也不知把他放在什么地位。连佛陀也不能随意安置他。当我们想把他指出，他已不在那里，他已到山的那边。”

《法华经》中说：“只要一人未曾得救，我就要回到此世来帮助他。”在这经中，佛说：“菩萨永不进入最终涅槃。他要停留在众生之中，为教育与开悟他们而工作。只要能有助于众生幸福，他不辞任何苦难。”

在一本称作《维摩经》的大乘佛经中，其主要对话者是一位佛陀的在家弟子，他是一位大哲者。有一次，据说他病了，佛要一个弟子去探问他。但没有一个弟子敢去，因为维摩诘是如此无敌的谈话者，以致当代中没有一个人能打败他。最后，文殊接受了佛陀的托付。

当文殊问到维摩诘的健康时，后者回答说：“我生病是因为众生皆病。只有当他们痊愈我才能痊愈。他们不断受着贪、嗔、痴的侵袭。”

如此，我们可以看出，爱与慈悲乃是佛与菩萨的本质。这些“烦恼”使得他们只要一人尚未开悟，就留在众生之中。有一句谚语说：他们“八千次往来于此病苦世界（娑婆往来八千度）”，这句话的意思是说，佛与菩萨会无限次地到我们这充满苦痛的世界，这正是因为他们的爱没有边界。

中国人对于佛教的伟大贡献之一，是他们对于工作的观念。把工作当作佛教的一个特点，而有意地去努力建立起来的是约千年前的百丈怀海禅师，他是使禅堂组织与佛教其他组织有所不同的人。在百丈怀海之前，和尚们的主要时间是用在学习、坐禅与遵守戒律上。但百丈怀海不满足于此，他要追随六祖惠能的榜样——六祖原先是中国南方的一个农夫，靠砍柴、卖柴为生，后来他获得允许加入僧道，又被指定到后面劈柴碓米，以及其他卑微的工作。

在百丈怀海特别为禅宗和尚们建立的新寺院中，规则里有一则就是关于工作的：每个和尚——包括方丈在内——都需参加手工或卑微的工作。即使当百丈年老之后，他都拒绝把庭院工作放下。他的弟子们为了他的高龄担心，把他的工具藏起来，免得他再像以前一样辛勤工作。但百丈说：“不做工我就不吃饭。”

就由于这个原因，在日本以及中国的禅宗僧堂都是干净整齐的，和尚们随时都准备着去做任何劳作——不论是多么脏的，多么不讨人喜欢的。

工作的精神恐怕自古以来就深深根植在中国人的心灵中，就如我在第一章提到的，庄子故事中的农夫拒绝用桔槔，他不在乎慢慢地做，因为他爱工作。这与西方的——实际上，是整个现代世界的——节省劳力观念完全是不相合的。现代人由于设备的精巧而节省劳力，但是当他们节省了劳力，盈余了大堆时间来娱乐和做其他事情。他们却发了数不尽的怨言，抱怨他们的生活是何等不令人满足，或者，他们转而去发明武器，只要按一下按钮，就可以杀死数千万人。况且，你听听他们怎么说："这是为了和平。"当我们不把潜藏在人性里面的基本邪恶摧毁，却听凭智力任行其是，让它去发明种种扫灭人类最迅速有效的方式——这岂不是令人吃惊的事吗？当庄子故事中的农夫拒绝变成机械心灵时，他是否预见了21或22世纪之后的这些所有的邪恶？孔子说："小人有了太多的闲空，必定会去想出种种恶事。"

在结束之前，让我再谈谈菩萨或禅者的六种德行——名曰六波罗蜜：

1. 布施（Dāna）
2. 持戒（Sila）
3. 忍辱（Ksānti）
4. 精进（Virya）
5. 禅定（Dhyāna）
6. 般若（Prajñā）

（1）布施或施舍 其意义是为了众生的福祉，把自己所能够给予的一切都给予出去：不仅是物质方面的，而且包括一切知识——世俗方面的知识，以及宗教上或精神上的知识（属于法——最终的真理——的知识）。菩萨为了解救他们，甘愿牺牲自己的生命（关于诸菩萨的故事，见于《本生谭》）。

日本佛教史中，关于禅师的自我牺牲，有一个令人醒目的例子，大约在16世纪，日本被许多诸侯瓜分，掌权者都是些好战者。织田信长后来建立最有势力的一国，当他打败了邻近的武田一族，这家人有一个逃到禅寺里寻求保护。织田的军队要求把这个人交给他们，但住持不肯，他说："现在他来求我保护，我是佛陀的信徒，不能放下他不顾。"军队的首领威胁说，如果不把人交出来，就把里面连人带庙一起烧毁。由于住持仍不屈降，那座庙——有好几栋建筑——就开始被放火烧起来。住持和少数几个愿意跟他一同牺牲的和尚，被逼到塔门的第二层上面，在那里，他们盘腿而坐。住持要每个和尚把这时所想的说出来，并要他的追随者们为了这最后的时刻而做心理准备。每一个人都表达了自己的观点。当轮到住持时，他只是静静地诵念了下面几行诗，然后与他的追随者们一同烧化：

为了平心静思，
不须山中隐退。
自净诸般情欲，
火焰亦足清心。

（2）持戒　即遵守佛陀的戒律，这些戒律有助于德性生活。对出家人来说，戒律是用以维持僧伽制度的方式。而僧伽乃是一个典型的社会团体，其理想是过一种安详、和谐的生活。

（3）忍辱　这两个字通常被解释为"耐心"，但其正确的意义是有耐心，或更正确些说，沉静地去做谦卑的事情，或者，如孔子所说："人不知而不愠，不亦君子乎？"追随佛的人，当未被人充分赏识时，绝不会觉得受了屈辱，即使被人家很不公正地忽视了，亦然如是。在任何不利的环境下，他们仍旧沉静而有耐心。

（4）精进　字源学上的意义是"精力充沛"。它的意思是说，要恒久热忱地献身于与法相合的每件事物。

（5）禅定　即在任何环境之下都保持心的平静，不论这环境是合意还是不合意。而尽管逆境一个接着一个来临，仍旧既不被骚扰，又不被挫折。这需要极深的训练。

（6）般若　在英文中——以及整个欧洲语文中——没有一个词和此词相当。因为欧洲人没有完全相等于般若的经验。般若是当一个人以最基本的意义感受到诸事物的无限整体时的经验，用心理学的方式说，就是当有限的自我突破了它的硬壳，而将它自己同那无限相关联时的经验——这无限包括了一切有限之物，因此亦包括了一切瞬时变迁的事物。这种经验相类于对于某种事物的整体直观，这种直观超出了我们所有特殊化的、特定化的经验。

3

现在我们到达最后一步："兼中到"。在这一步和第四步间的不同，是用"到"来替代"至"。事实上，"至"和"到"是同一个动作，意味"到达"。但依照传统的解释，"至"还没有完成"到达"的动作，行者还在路上，而"到"则表示已经完成了动作。禅者业已达到了他的目的，因为他最终的境地已经达到。他仍旧像以往一样不屈不挠地工作，他同他的同胞一同留在世界上。他的日常生活并未改变，改变了的只是他的主体。白隐是日本近代禅宗的创始人，曾经这样来表明这种情况：

> 雇佣了这个拙愚的老圣贤，
> 让我们用雪将井填满。

毕竟，禅者的生活到了此一境地，已经没有什么可说，因为他外在的行为并不是显赫的，他完全沉浸在内在生活中。外表上他可能褛褛褴褴，以最卑微的身份在工作着。在封建时期的日本，乞丐中往往有不被人识出的禅者。至少我们可以找到一个例证。当他死后，他乞食用的碗偶然被人注意到，而发现上面有用中国古文写的一些话，表示着他对禅的领悟以及他对生命的看法。事实上，日本的一位伟大禅师——盘珪禅师就曾做过乞丐，后来人们认出了他，而请他去教当时的封建诸侯。

在结束之前，我要再引一则能够表明禅宗特性的“问答”，并希望它能够把前述禅者的生活做更明了的表达。在禅者的生活中，与基督教的圣者们最为不同之处，可能在于他们的爱中缺少那种易动情感的特色。基督教的圣者们，把爱以一种特有的方式归向基督，但佛家弟子却几乎与佛没有关系，而只是与他们的同胞相关。如我们在前面所提到的，他们的爱是以一种为他人工作的方面表示出来。

泰山脚下有一个茶店，是一个老妇人开的，而山上则有一座闻名全国的禅寺。每当有行脚的和尚向老妇人询问怎样去泰山时，她就说：“直走。”当和尚照着她所指的方向走时，她却说：“又一个走了同样的路。”禅僧们都弄不清楚她是什么意思。

这件事传到赵州的耳朵里。赵州说：“好，我去看看，到底是怎样的老太婆。”他走到茶店，问老妇人怎样去泰山。当然她告诉他直走，而当赵州也和其他和尚同样做时，那老妇则说：“一个好和尚，他和别人走了同样的路。”当赵州回到僧众之间时，他说：“今天我把她看得透透彻彻！”

我们可能要问：“赵州既然和别的和尚没有做任何不同的事，为什么他能够把老妇人看得透透彻彻呢？”这个问题是我们每个人都得自己去回答的。

总之，禅要我们去做的是：为自己寻求开悟，并帮助他们如此去做。禅也有“祈祷”——尽管这同基督徒的祈祷很不相同。这种祈祷通常分为四种，而后两种则是前两种的扩充：

众生无边誓愿度
烦恼无边誓愿断
法门无量誓愿学
佛道无上誓愿成

禅有时不论看似何等令人困惑，或神秘，或充满矛盾，它终究是一个单纯的教训：

诸恶莫作，
众善奉行，
自净其意，
是诸佛教。

这不是可以用于一切人类处境的吗？——不论是现代或古代，还是西方和东方。

第二篇

心理分析与禅佛教

埃里希·弗洛姆

禅

在这个题目中，我们讨论到两个体系，这两者都是关乎人的本性的理论，并且是导致人的泰然状态的实践方法。两者各自代表东方与西方的典型思想。禅是印度的理性与抽象思考同中国人讲求实际的性格相融合的结晶。心理分析全然是西方的，而禅则全然是东方的；心理分析是西方人道主义同理性主义的结晶，也是19世纪浪漫主义对人心中的种种黑暗力量之追求的表现，这些黑暗力量逃出了理性主义的掌握。更进一步回顾，希腊的智慧和希伯来的伦理，是这一门科学性的治疗学的精神源泉。

然而，尽管禅与心理分析，两者所讨论的都是人的本性，以及使人蜕变的实践方法，两者的区别却大于相似之处。心理分析是一种科学方法，是彻底非宗教性质的。禅则是一种达到开悟的理论与方法，它是一种体验，这种体验，在西方人看起来，可以说是宗教性的或神秘性的。心理分析是一种治疗精神疾病的方法；禅则是精神拯救的道路。关于两者之间的关系所做的讨论，是否除了说它们之间只有彻底而不可沟通的区别之外，就得不出任何结果呢？

然而，许多心理分析家却逐渐对禅产生越来越大的兴趣。[①]这种兴趣的根源何在？它的意义是什么？本文的目的就是想对这些问题做一个回答。本文并不想对禅宗思想做一个系统的呈现，这个任务是超乎我的知识与体验的；同时本文也不想把心理分析做一个全貌的呈现，因为那是本文的篇幅所不允许的。但是，在本文的第一部分，我仍将说明心理分析的一些重点，这些重点同心理分析与禅之间的关系有着密切关联。同时，这些重点代表了弗洛伊德的心理分析所延伸出来的基本概念，这些基本概念有时被我称为“人道主义的心理分析”。以这种方式，我希望表明出来，禅的研究何以对我有极大的意义，并且我相信，对于学心理分析的人都有着重要的意义。

一、今日的精神危机与心理分析的任务

在本文讨论之初，我们必须思考一下在历史上的这个艰困时期，西方人在精神上所经历的危机，以及心理分析在这个危机中的作用。

生活在西方的人，虽然大部分没有清楚地感觉到（或许大部分人一向都是如此），他们正在经历着西方文化的一个危机，但是至

---

① 参看荣格（Jung）为铃木大拙所著的《禅佛教》所写的导言以及法国精神病学家 Benoit 关于禅的著作《无上智慧》（*The Supreme Doctrine,* New York, Pantheon Books, 1955）。已故的凯伦·霍妮（Karen Horney）在世的最后几年，对于禅宗感到强烈的兴趣。在墨西哥的库埃纳瓦卡所举行的这一次会议——本书就是由此产生——是心理分析家们对于禅的兴趣的另一个印证。心理治疗和禅的关系，在日本也相当受重视。请参看载于 *Psychologia, An International Journal of Psychology in the Orient*，第一卷第四期（1958）中的 Koji Sato's Psycho-therapeutic Implications of Zen 以及同一杂志的其他文章。

少一些有批评眼光的观察者都共认这个危机的存在，并了解它的性质。这个危机可以被描绘为“不安”“倦怠”“时代病”，死气沉沉，人的机械化，人同自己、同他的同胞以及同自然的疏离①。人追随理性主义，业已到达理性主义变得完全不合理性的地步。从笛卡尔以后，人就日益将思想同情感分离；人们认为只有思想才是合理的，而情感，由其本性使然，就是不合理性的。人被劈为两半，一半是智性，这被认为是真正的我，它要控制另一个我，就如同要控制自然。用智性控制自然，以及生产更多更多的货物，变成了生活的最高目标。在这个程序中，人把他自己变成了物，把生命变成了货物的附属品，生活被持有所统治。在西方文化的根源（希腊和希伯来文化）中，生活的目标是完美的人，现代人则认为生活的目标是完美的物，以及如何制造此物的知识。西方人现在处于一种精神分裂性的无能——无能于体验情感。因此，他感到焦虑、躁郁和绝望。口头上他仍旧把幸福、个人主义和创造视做生活的目标，但实际上他没有目标。问问他为什么活着，他所有这一切经营是为什么，他会十分难堪。有些人会说，他们为了家庭而活，有些人会说是为了“玩乐”，另外一些人会说是为了赚钱，但实际上，没有一个人知道是为什么而活；他没有目标——除了是想逃避孤寂与不安全感之外。

确实，进教堂的人，今日比一向都多，讨论宗教的书变成了畅销书，而大家口口声声说上帝，也比一向更多。然而这种现象却是深沉的唯物态度同非宗教态度的掩饰，并且是对19世纪一个空洞的反应，

① 请参看齐克果、尼采等人的著作。现代的作家则请参看存在主义哲学家们的著作以及 Lewis Mumford、Paul Tillich、Erich Kahler、David Riesman 等人的作品。

这个反应的原因是由于人们感觉到不安全，感觉到需要同他人一致化。19 世纪明显的倾向，可由尼采的名言表示出来："上帝已死。"今日的人们表面上虽信奉宗教，但就真正的宗教态度而言，没有实质。

19 世纪的舍弃有神论的观念，从某个角度来看，是一件不小的成就。人跨出了一大步，投入客观之中。地球不再是宇宙的中心；人丧失了他在一切造物中的中心角色，一切万物不再是由上帝所造并受他统治的。弗洛伊德从新的客观观点来研究人的潜藏动机，而认为人信仰一个全能、全知的神，是由于人类生存状态的无助，是由于人想求得伸出援手的父母亲——这父母亲便以天上的神为代表。弗洛伊德看出来，人唯有自己救自己；伟大的教师、父母、朋友与爱人的援手，确实能给他帮助——但是只能帮助他勇敢地接受生存的挑战，并用全心全力去做反应。

人放弃了父母般的上帝这个幻象，但他也同时放弃了所有伟大的人道宗教的目标：克服自私的自我所构成的种种限制，而达到爱、客观、谦虚和对生命的尊重，如此，使得生活本身成为生命的目的，而人变成他潜能中所能够变成的样子。这些目标是西方伟大的宗教的目标，同时也是东方伟大的宗教的目标。然而，东方与西方的不同之处却在于它们的宗教没有受到父神这个概念的拖累；西方的一神论宗教中，却对这个父神表露出强烈的渴求。道教和佛教在合理与讲求实际方面，要超乎西方宗教。他们能够实事求是地、客观地去看人，而除了"觉悟者"之外，并没有别的东西可做人的引导者，而人又是可以被这些觉悟者所引导的，因为每个人在内在里都有着觉醒与开悟的能力。这乃是何以东方的宗教思想——道教与佛教，以及它们在禅宗中的结合——对今日西方具有了如此大的重要性。禅宗帮助人为他的生存问题寻得答案，这个答案在本质上同犹太－基督教所给予的答案并无不同。然而禅宗的答案却与现代最珍贵的成就不相冲突，即它不违背理性、真实主义与独立。东方的思想比西方思想更合乎西方的理性思想，可以说是一件耐人寻味的事。

二、弗洛伊德心理分析概念中的价值与目标

心理分析是西方人的精神危机以及寻求解决的意图的典型表现。在近来的心理分析学发展中，在“人道主义”的心理分析与“存在主义”的心理分析的发展中，明显呈现出这一种趋势。但是，在我讨论我的“人道主义”心理分析学之前，我要说明一下，弗洛伊德自己的体系，并不像大部分人所以为的，只关乎“疾病”与“治疗”的概念，而是关乎人的“拯救”的，它绝不只是精神病人的治疗学。表面上看来，弗洛伊德是新的精神病治疗学的创始人，而他终生的主要兴趣也就是放在此处。然而，如果更近一些看，我们会看出在这个精神病治疗学背后有着一种完全不同的兴趣，而这个兴趣是弗洛伊德甚少表明，甚或连他自己都很少意识到的。这个隐藏的概念其首要的目标并不是精神疾病的治疗，而是一种超越疾病与治疗的东西。这种东西是什么？他所建立的“心理分析运动”的宗旨是什么？弗洛伊德对人的未来的看法又是什么？他的运动所赖以建立的教条是什么？

弗洛伊德给予这个问题最清楚的答案可能就是“何处有本能冲动，何处就要有自我”。他的目标在于用理性来控制非理性的、无意识的欲望，在于使人从他的无意识力量中解脱出来。人若想控制他自身之内的无意识力量，就务必对这些力量有所认知。弗洛伊德的目标在于对事实有恰当的知识，而这种知识乃是人在这个世界上唯一的引路灯。这些目标是理性主义、启蒙哲学与清教伦理的传统目标。然

而，宗教与哲学虽然设定了这些目标，以便通往乌托邦，弗洛伊德则是——或者，他相信自己是——第一个把这些目标建立在科学基础上(他使用的方式就是对无意识领域的发掘)，并指出这些目标如何得以实现。弗洛伊德一方面代表了西方理性主义的极致，一方面他又以他的天才克服了理性主义的虚假与肤浅的部分，转而将理性主义与浪漫主义结合在一起。这浪漫主义，在当时的 19 世纪，正是理性主义的有力反对者，因为它所尊重的是人的非理性面，即人的情意面[①]。

至于对个人的治疗，弗洛伊德所抱的哲学与伦理目标要比一般人所想象的更大。在导论上，他曾提到想用某种神秘的实践方式来导致内在人格的基本改变。然后他继续说："我们必须承认，心理分析治疗学选择了一个类似的方法。它的目的在加强自我，使它更能不依赖超自我来扩充它的监视领域，以便占领本能冲动中更多的部分。何处有本能冲动，何处就应有自我。这是一种文化工作，如同须德海之填平。"他以同样的口吻说，心理分析治疗学意在"将人从他的精神官能症状、禁止以及变态性格中解救出来"。[②] 他也同样看出，心理分析者不只是一个"治愈"患者的医生，他说："心理分析者为了在某些分析情况下作为患者的楷模，在某些情况下作为患者的教师，他必须在某种意义上处于超越的地位。"他又说："最后，我们不可忘记，分析者与患者的关系是建立在对真理的爱上面，即是建立在对事实的认知上，它排除任何的回避和欺骗。"

在弗洛伊德的心理分析概念中，还有其他因素是超越一般疾病与治疗的概念的。对于东方思想——特别是禅宗——有所了解的

---

① 心理分析运动这种半宗教的性质，可参看笔者所著的《弗洛伊德的使命》(*Sigmund Freud's Mission*, World Perspective Series, ed.R.N.Aushen, New York, Harper, 1959)。

② "Analysis Terminable and Unterminable", Collected Papers, Hogarth Press, V.316。

人，在听到我下面所要述及的因素时，会注意到它们同东方思想并非无关。此处最先要提及的是弗洛伊德的知识导致改变的概念，他认为理论与实践不可分开，而在知己的这个行为本身中，我们就改变了自己。无须说，这一个概念同弗洛伊德当时和今日的科学心理学的概念有所不同，在这种科学心理学中，知识只是理论上的知识，而对知者没有改变的作用。

弗洛伊德的方法还有另一点同东方思想，特别是禅宗密切相关。对于有意识的思想体系的高度估价——这在现代西方人是典型的态度——弗洛伊德并不赞同。他认为，我们的意识思想只不过是我们内在心理程序的一小部分，同我们内在的巨大力量相比，它其实是很不重要的。我们内在的这些力量是黑暗的、非理性的，同时又是无意识的。为了对人的真正本性有所洞察，弗洛伊德要打破有意识的思想体系，他所用的方法是自由联想。自由联想抛弃了合逻辑的、有意识的、约定俗成的思想方式，而另辟新途。它导向我们人格的新渊源，即无意识领域。关于弗洛伊德的无意识领域的内容，不论我们有何种批评，他却由于自由联想的方法而超越了西方约定俗成的理性思维模式，而移向一个新的方向。这个方向在东方思想中已经有着更彻底、更进一层的发展。

还有另一点是弗洛伊德同当代西方态度彻底不同的。我的意思是，他愿意花费一年、两年，或更多的时间为同一个人做心理分析。当然这使得弗洛伊德受到许多批评。无须说，我们应当使分析工作尽量迅速有效，但此处我想强调的是，弗洛伊德有勇气说：我们可以为一个人花费好几年的时间，只要能帮助他了解自己，就是有意义的。从功利的观点来看，从盈亏的立场来看，这是不值得的。我们会说，这样一种冗长的分析是不值得的。从社会效果上来看，一个人的改变并没有什么重要。如果我们要了解弗洛伊德的方法的意义，则必须超越现代“价值”观念，超越手段与目的的现行观念，超越借贷对照表。如果我们认为一个人不是任何物所可与之比拟的，如果他的解放、他的幸福、他的觉悟——或者不论我们用什么名称来称呼它——是我们“最终的关怀”，则我们就不能用时间同金钱作为衡量此目的的尺度。具有眼光与勇气发明这样一种方法，其中蕴涵着对一个人如此广大的关切，这是超乎西方习俗思想的。

前面的话并不是说弗洛伊德在有意识的意向中，接近东方思想或禅宗思想。我前面所提到的许多因素，在弗洛伊德的心中与其说是有意识的，不如说是无意识的。弗洛伊德完全是西方文化的产儿，又特别受 18 与 19 世纪思想的影响，以至于即使他接触到禅宗思想，他都不会与它相关。弗洛伊德对于人的图像，本质上是 18 与 19 世纪的经济学家与哲学家所绘制出来的图像。这些人把别人看做是一个竞争者、孤立者，他之所以与别人相关只是由于要交换经济与本能的满足。就弗洛伊德看来，人是一个机器，由力比多所驱使，而其控制原则则是将力比多兴奋保持最小必需量。他认为人基本上是自我本位的，而同他人相关只是为了满足本能欲望的需要。就弗洛伊德看来，乐趣是紧张之解除，而不是喜悦之体验。人被看做是智性与情意分裂的；人不是整个的人，而是启蒙哲学家们所言的智性自我。友爱是一种不合理的要求，是同事实相反的；神秘体验是一种向婴儿期的自我迷恋之退化。

前面我试图要说明的是弗洛伊德的体系中虽然有这些同禅宗相违背的地方，它却仍然有一些因素超越了一般的疾病与治疗的概念，超越了关于意识的传统理性概念，这些因素导致心理分析更进一步的发展，而这个发展却与禅宗思想有着更为直接的相似之处。

然而，在我们讨论“人道主义的”心理分析与禅宗的关联之前，我想指出一件事实，即是，来要求做心理分析的患者以及他们所提出的问题的改变。这个改变对于了解心理分析的进一步发展是十分重要的。

在这个世纪的开始之际，来找精神病学家的主要是有病症的人。他们或者是一只手瘫痪了，或者是有驱迫性的清洗症，或者是有某种去除不掉的念头。换句话说，依照病这个字在医学上的意义，他们是生病了；某种东西阻碍了他们，使他们不能像所谓的正常人一样发挥社会功能。如果这是他们所生的病，则他们的痊愈概念是与他们的疾病概念相一致的。他们想把这些病症排除，而他们的“健康”观念，就是不要生病。他们要求和一般人一样健康，或者我们可以这样说，他们不要比社会一般人更不快乐、更不安宁。

这样的人现在仍旧来向心理分析者求助，而对他们来说，心理分析仍旧是一种治疗方法，旨在把他们的病症排除，使他们能够发挥社会功能。但以前他们在心理分析者的病患中占多数，现在他们却是少数——或许这并不是数量上的减少，而是由于比例上的减少。今日的病患多数并非习俗意义上的病人，他们在社会上照常运作，但他们确实患着时代病，即我前面说过的那种死气沉沉。心理分析的这种新患者并不知道他们害的是什么病，他们抱怨心理躁郁、失眠、婚姻不快乐、工作无趣以及其他类似的困扰。他们通常相信这种或那种征候是他们的问题所在，只要把这些征候排除，他们就会一切如常。然而，这些患者通常并不知道他们的问题不在于躁郁、失眠、婚姻或职业。这些种种不同的抱怨只是我们的文化所允许他们表达的形式，在这些形式的更深处，有一种东西是所有这些自以为病症不同的人所共有的，这个共同的疾病是人同他自己的疏离，同他的同胞，同自然的疏离；是感觉到生命像沙子一般从手间流失，而未曾生活就要死去；是感觉到生活在富裕之中却没有欢乐。

对于这些患时代病的患者，心理分析能够给予什么帮助？这个帮助是——并且必须是——与以前的“治疗”不同的；以前的治疗是要把病症排除，让患者重新能够执行社会作用。对于那些患染疏离症的人，治疗之法并不在于使他没有疾病，而在于能够使他达到泰然状态。

然而，如果我们想说出泰然状态的定义，则将会遭遇到相当的困难。如果我们留在弗洛伊德的体系中，则泰然状态就应该用力比多的理论来界定，如此则它是充分的性行为能力，或者换一个角度来说，是对于隐藏的俄狄浦斯情结之察觉。这些定义就我看来，只触及真正的人类生存问题及整个的人所到达的泰然状态边缘。任何人如果要对泰然状态的问题给予一个试验性的解答，必须超越弗洛伊德的参考坐标，而对于人类生存的基本概念有所讨论——尽管这个讨论必然是不完整的；人类生存的基本概念乃是人道主义心理分析的基础。只有以这种方式我们才能打下基础来比较心理分析与禅宗思想。

三、泰然状态的本质——人的精神进化

对于给泰然状态下定义，第一步我们可以这样说，泰然状态是同人的本性相合的状态。然而，如果更进一步，则我们会发现这样的问题：依照人的生存条件而言，人的存在状态是什么样的呢？而这些条件又是什么？

人类的生存为我们立下一个问题：人是没有经过自己的同意而被抛到这个世界上来的，而复又没有经过他的同意被夺离这个世界。动物在它的本能中就秉具着适应环境的能力，但是，人虽然完

全生活在自然界中，却缺乏这种禀赋。他必须去过他的生活，而不是被生活来支配。他处于自然之内，而又超越自然；他对于他自己有所认知，而这个认知却使他见到自己是个分离的单元，而这使他感觉到不可忍受的孤独、失落与无能。被生下来，这件事本身就立下一个问题。在他生下来的那一刻，生命就向他提出了一个问题，而这个问题是他必须自己作答的。每一刻他都得回答它——不是用他的头脑，也不是用他的身体，而是他，是那思考、做梦、睡觉、吃饭、哭和笑的他，是他整个的人来回答它。生命所提出的这个问题是什么？是我们如何来克服因隔离而产生的痛苦、囚禁、羞耻？是如何同我们自己、我们的人类同胞以及自然结合为一？无论如何，人必须对这个问题有所回答；而即使疯狂，也是一种答案；因为疯狂则外在世界不复存在，是我们完全生活在我们自己的壳子之内，而因此克服了因隔离而来的惊惧。

问题总是同一个。然而，答案却有好几种，或者从基本上来分，答案有两种。一种是退化到知觉还未曾觉醒的状态，这即是退回到尚未出生的状态。另一种答案则是充分诞生，是发展人的认知能力，理性以及爱的能力到达一种超越自我中心的地步，而同世界达成新的和谐、新的合一。

当我们说到诞生时，我们所指的通常都是生理上的诞生，这是婴儿在母亲腹中怀孕大约九个月之后所产生的结果。但是这种诞生的重要性在很多方面都被高估。婴儿诞生之后的第一个星期，同成年的男人或女人相比，在很多方面仍旧是像住在子宫内部一样。然而，诞生时却有一个独特的地方，即是脐带被剪断了，婴儿开始了他的第一个活动：呼吸。自此以后，每一个原始韧带，都要靠真诚的行动才能剪断。

诞生并非只是一个行动，而是一个程序。生命的目标是充分诞生，而我们的悲剧则是我们大部分人直至死时都没有如此诞生。活着就是每一分钟都在诞生。当诞生停止，死亡就来临。从生理上来看，我们的细胞组织是处在继续诞生的程序中；然而，从心理学上来看，我们大部分人却到达某一点之后就不再诞生。有些人根本就是死胎；在生理上他们继续活下去，而在心理上他们的愿望则是返回子宫、泥土、黑暗、死亡；他们是疯狂者，或近乎如此。另有许多人沿着生命的道路向前更进一步。然而，他们仍旧没有把脐带完全剪断；他们对于母亲、父亲、家庭、种族、国家、地位、金钱、神等仍旧有着共生性的附着；他们从未能充分地成为他们自己，而因此也就从未充分诞生。①

对于生存问题做退化性的解答，可以采取种种不同的方式，但这些人共同之处则在于他们必定失败，而导致痛苦。人曾经同自然处于前人类的、乐园式的合一状态，一旦他从这种状态被分开，他

---

① M. 爱克哈特在 *The Book of Benedictus* 一书中，曾把人的进化——从对于母亲和父亲的固着到充分的独立与开悟做如下的阐明："在第一阶段，如圣·奥古斯丁所说，内在的人或新人追随着善者与虔敬者的脚步。这时他仍旧是他母亲怀中的婴儿。"

"在第二阶段，他不再盲从善者的脚步，他热切追求正确的教训、神圣的智慧。他把背转向人，而把脸转向神，他离开了母亲的膝盖，他对着天上的父微笑。"

"在第三阶段，他越来越同他的母亲分开，离他母亲的怀抱越来越远。他逃脱了顾虑，抛开了惧怕。虽然他可以无畏地以粗鄙和不公正的态度来对待所有的人，但这并不能使他满足，因为在他对于神的爱中，他已经完全被善行的愿望所充满；神已使他如此坚固地生活于喜悦、崇高和爱中，以致凡是不合于神的，他都觉得没有价值而可厌。"

"在第四阶段，他更为成长，并扎根在爱中与神中。他欢迎任何挣扎、试探、敌意或痛苦，并且是心甘情愿的、欢欢喜喜的。"

"在第五阶段，他处于和平中，享受着至高的、无可说明的智慧所给他的充实。"

"在第六阶段，他被神的永恒性所变形。他已到达充分的完美，而不再顾及短暂的事物与生命，他被吸引到神的影像中，而变成神的孩子。这是最高的阶段，是永恒的安静与至福，内在的人和新的人的目的是永恒生命。"(Meister Eckhart, translation by C. de B. Evans London, John M. Watkins, 1952)，Ⅱ，p.80—p.81。

就永不能回返，两个天使带着火剑阻挡他的去路。要想完成回返，只有两条途径，即是死亡或疯狂，而不是生活与清醒。

人可以在数种层面上寻求这种退化性的结合，而这几个层面也同时是几个病理学与非理性的层面。他可能渴望着回返子宫，回返母亲大地，回返死亡。如果这个目标是彻底而未加限制的，则结果就是自杀或疯狂。另一种危险较少而病理较浅的退化方法，是仍旧想同母亲的怀抱或母亲的手以及父亲的命令缔结在一起。这种种不同的意图表示着种种不同的人格。那想留在母亲怀中的人，是永久依赖性的乳儿，当他被爱、被照顾、被保护、被赞美时，他就会感觉到安适快乐；当他受着同无所不爱的母亲分离的威胁时，他就充满不可忍受的焦虑。同父亲的命令缔结在一起的人，可能会发展出相当的自发性与活动性，但他永远都需要有一个权威来做基础，这个权威对他发号施令，夸奖他或惩罚他。另一种退化性的性格方向是破坏，其目的是想由破坏一切人、一切物的欲望来克服隔离。这样的人可能想把一切人、一切物都吃掉，而合并到自己之内，这就是说，他把世界以及其他的一切当作食物；另一种方式是想直接毁灭一切——除了他自己之外。另外还有一种方法来克服隔离的痛苦，就是想把自己的自我建立起来，成为一个隔离的、巩固的、不可破的“物”。如此，这样的人就把自己的财产、自己的权势、自己的威望、自己的聪明来当作自己。

一个人要想从他的退化性结合中挣脱出来，必须逐渐克服他的自我迷恋。刚诞生不久的婴儿，甚至在感官上未曾认知到外在于他的世界之存在；他和他母亲的乳头及乳房仍旧是一体，他是处于一种主体、客体尚未分别的状态。不久之后，对于主体、客体的分别能力发展出来，但也仅是察觉到我和非我的不同。但从情意上来说，要想克服自我迷恋性的全知全能态度，必须达到充分的人格成熟，当然这是极不容易达成的。这种自我迷恋的态度，可以清楚地见于儿童或精神官能症的人的行为中，但两者不同的地方在于，前者通常是有意识的，后者则是无意识的。儿童并不把事实以其本身的样子来接受，而是以他所要求的样子来接受。他生活在他的愿望中，而他对事实的看法是依照他所要求的样子。如果他的愿望未被实现，他就愤怒，而他愤怒的作用是（经由父母亲的中介而）强迫世界符合他的愿望。在儿童的正常发展中，这个态度会慢慢改变，变得能够认知事实，接受它以及它的律则，并因此接受必然性。在精神官能症的人中，我们一定会发现他不能到达这个阶段，对于事实不能放弃自我迷恋性的解释，他坚持事实必须符合他的想法。而当他发觉情况并非如此时，他可能会有两种反应：一种是强迫事实来符合他的愿望（这就是说，去做无法做到的事），另一种反应是感到自己的无能为力，因为他不能做到无法做到的事。这样一种人的自由观——不论他对这个自由观是否察觉到——乃是一种自我迷恋式的全能观。但是一个充分发展的人，他的自由观却是认知事实和它的律则，并且在必然律的范围之内来行动。他用自己的思想与情意来了解世界，并以建设性的态度来与世界相关。

这些不同的目标与方式，基本上并不是思想体系的不同。它们是不同的生活方式，是整个的人所做的不同的答案，以便回答生命向他提出的问题。在宗教史上，各个不同的宗教体系所提出的答案是对同一个问题的答案。从原始的食人族到禅宗，人类对于存在问题只提供出少数答案，而每个人在他自己的生命中，也将这些答案之一作为他的答案，不过通常他并不知道他的答案是什么。在我们的西方文化中，几乎每个人都以为他的答案是基督教的或犹太教的答案，或经过启蒙之后的无神论的答案。然而，如果我们能够对每个人的心灵做X光透视，我们将发现有那么多食人族，那么多图腾崇拜者，那么多各式各样的偶像崇拜者，而只有甚少的基督徒、犹太教徒、佛教徒和道教徒。对于人的生存，宗教是一种定形的而精密的答案，由于它可以公开被人分享，并且由于众人可以共同参加宗教仪式，所以即使最低的宗教也会使人产生一种合理感和安全感。然而，当一个人不去分享这种宗教，当退化的愿望同意识及现存文化相冲突，就产生了秘密的、个人的"宗教"，而这种宗教即是精神官能症。

要想了解一个患者——或任何人——我们必须知道他对生存的答案是什么，或者用另一种方式来说，他的秘密的、个人的，他以全心全力所献身的宗教是什么。大部分我们所认为的"心理问题"，只是他的基本"答案"的结果，因此，除非我们了解这个基本答案——即是他秘密的宗教——否则，我们就不能治愈他的疾病。

现在我们再回头来讨论泰然状态，由前面所说的一些话中，我们如何对它界定呢？

泰然状态是到达了理性充分发展的状态——此处所用"理性"二字并不仅是智性判断的意义，而是（用海德格尔的说法）"让事物以其本身的样子"而存在，并由此掌握真理。只有当一个人克服了他的自我迷恋，当他变成开放的、有回应性的、敏锐的、觉醒的、空虚的（用禅宗的说法），他才能泰然。泰然状态意味着同人与自然充分关切，克服隔离与疏离，而体验到同一切的存在之物合而为一——然而又同时体验到我自己是一个不可分的单元，是一个我。泰然状态意味完全的诞生，变为人所应当是的样子；

它意味具有充分的喜悦与悲伤能力，或者，换一种说法，从一般人所处的半睡眠状态觉醒，充分觉醒。设若能够如此，则也就意味着具有创造性；这就是说，对自己、对他人、对一切存在之物，能够反应与回应；是以我真正的、整个的人，对每个人、每个物来做反应与回应，并且是依每个人、每个物的本然样子来对他们做反应与回应。在这种真正的回应中，有着创造性，那是把世界如其本相来看待，并且体验到那即是我的世界，是那由我创造性的了解而被我创造的与改变的世界，而因此，这个世界不再是“那边的”陌生世界，而是我的世界。最终，泰然状态意味放下我的自我，放弃我的贪婪，不再追求自我的扩张与衍存。我在生活中去做自己、去体验自己，而不是在持有、存积与贪婪和利用中去做自己、体验自己。

前面我曾试着说明个人与宗教的平行发展。由于这篇文字所讨论的是心理分析与禅宗的关系，我觉得对于宗教发展的某些心理层面必须再做更进一步的说明。

我曾说过，人由于他的存在本身而面临一个问题。这个问题起自人内部的矛盾，即是他生存于自然之内，而同时又超越自然，这是因为他是一个对自己的生命有所察觉的生命。任何人，当他聆听到这个问题向他提出之后，而把对这个问题的回答当作他“最终关怀”的事——并且不只是用他的思想，而是由他整个的人来回答——他就是一个“宗教性的”人；所有的体系，凡是想提供或传授这种答案的就是“宗教”。反过来说，任何人——以及任何文化——如果对这个存在的问题充耳不闻，他就是非宗教的，而最好的例子莫过于我们这些生活在20世纪中的人。我们意图用种种方法来把这个问题抹除，比如说用财产、声望、权势、生产、玩乐等，试图忘记自己的存在。不论他如何经常想到神，或进教堂，也不论他如何相信宗教的一些观念，设若他——这整个的人——对存在的问题充耳不闻，设若他对这个问题没有答案，则他就只是在举步不前，他就像他所制造的百万种物品一样，存在而后消失。他没有体验“生活在神之中”，而只是对神做了一些思考。

但是，诸宗教的共同点只是在于它们要给存在的问题一个答案，除此之外它们并不必然有共同点。就以宗教的内容而言，是没有一致性的，事实上如我们前面所说，答案基本上有相反的两种，一种是回到前人类的，前意识的存在状态，抛弃理性，重新变为动物，而由此再同自然合一。达成这种愿望的方式有许多种，其极端形式的一种，我们可见于日耳曼人的“狂战士”秘密社会组织（“狂战士”原文为“berserkers”，其意为“熊衫”）。这种组织里的人，把自己认同为熊；一个年轻人在加入这个组织时，必须“用一阵可怕而侵犯性的愤怒发作来改变他的人性，这个发作使他同化为狂暴的兽类[①]”。以返回前人类的状态来与自然结合，并不是原始的社会所独有，当我们把希特勒的褐衫同熊衫比较，就可了然于这个事实。国家社会党的大部分分子是世俗利益者、投机分子、追求权力的无情政客、Junkers[②]、将军、商人和官僚，但这个党的核心以希特勒、希姆莱和戈培尔为代表，基本上则与原始的熊衫党没有区别，他们被“神圣的”愤怒所驱使，而以毁灭作为他们宗教展望的最终实现。20世纪的熊衫党复活了“仪式谋杀”的传说，在他们对于犹太人的行为中表现出他们最深的

---

① Mircea Eliade, *Birth and Rebirth*（New York, Harper, 1958），P.84。

② 19世纪的普鲁士贵族党。

欲望：仪式谋杀。他们仪式谋杀的对象最初是犹太人，其次是外国居民，然后是德国人本身，最后是在完全的毁灭仪式中谋杀了他们的妻子、儿女和他们自己。以返回前人类状态来同自然结合，还有其他一些掩饰性较少的宗教。这可见于对于图腾动物的崇拜中，见于崇拜树木、湖泊、洞窟的宗教体系中，见于那些目的在清除意识、理性和良心的狂乱宗教崇拜中。在所有这些宗教中，神圣之物乃是那些将人转变为前人类状态的东西，而“神圣者”（譬如巫师）乃是那种沿着退化的途径走得最远的人。

另一个极端则是以完全相反的方向寻求存在问题答案的宗教，其所用的方法是完全从前人类存在状态脱离，是发展人类所特有的爱与理性的潜能，并由此寻得人同自然、人同人的新和谐。在某些原始社会中，虽然可能有人沿着这个方向做过努力，但就整个人类而言，巨大的分界线却在大约公元前两千年到公元元年开始之际这段时间。道教与佛教出现于远东，伊克纳顿（Ikhnaton）的宗教革命出现于埃及，瑣罗亚斯德的宗教出现于波斯，摩西的宗教出现于巴勒斯坦，羽蛇神的宗教出现于墨西哥[①]，这些宗教都代表了人性的充分转变。

所有这些宗教都寻求着合一——并不是由退化到前个人、前意识的乐园状态，而是在新的层面上的合一。这种合一是只有人在经历到他的隔离，在通过与自己及世界的疏离阶段，并充分诞生之后才能达到的。这个新的合一具有一个前提，即是人的理性充分发展，并且这个发展将导致一个阶段的诞生，在这个阶段中，理性不再排除人的直观。这个新的目标是在我们的前方，而不是在我们的

① 请参看 Laurette Séjournée 的 *Burning Waters*（London, Thames & Hudson, 1957）。

后方，人类曾经给予它许多象征：道、涅槃、悟、善、上帝。这些象征的不同是由于各自的环境文化的不同使然。在西方传统中，为这个目标所选的象征是一个至高的国王或酋长的权威形象。但早自旧约时期开始，这个形象就从任性的统治者变为受契约与诺言约束的统治者。在先知文学中，这个目标被认作是弥赛亚时期中人同自然的新和谐；在基督教中，上帝将他自己显现为人；在迈蒙尼德（Maimonides）哲学以及神秘主义中，人神同形同性的因素以及权威的因素几乎已经完全消失，不过，在西方的民间形式中，它们几乎没有多大变动。

犹太、基督教与禅宗的思想中所共同的是，它们都察觉到为了完全开放、回应、觉醒以及活泼等，我必须放弃我的“意志”（这两个字是指我强迫、指导和窒息内在于我和外在于我的世界的欲望）。在禅宗的说法中，称之为“使自己空虚”——然而这并不意味着消极态度，而是开放自己以便能够接受。在基督教的用意中，则常被称作“抹杀自己，而接受上帝的意志”。在这两种说法的背后的经验，基督徒与佛教徒的区别并不大。然而，就以一般的解释与了解而言，基督教的说法却被认作是不要自己做决定，而把决定权留给全知全能的天父，后者看顾着人，并知道何者与他为善。显然由此而得到的体验，并非开放与回应，而是顺从与屈服。设若没有上帝的概念，则人反而最能做到顺从上帝的意志，做到真正的舍弃自我。如果我忘却上帝，反而能真正顺从上帝的意志。禅宗的“空”概念蕴含着舍弃自己的意志的真确的意义，然而却没有退化为偶像崇拜的危险。

四、意识、抑制与抑制之解除的性质

在前面一章，我曾试着把人和人类生存做概念性的说明，人道主义心理学的目标就是以这些概念为基础的，但这些概念是另一些人道主义的哲学或宗教中也具有的。因此我们现在必须把心理分析为了达成目标所特有的方法做一番介绍。

心理分析方法中最为特殊之处，在于想把无意识变为意识——或者，用弗洛伊德的说法，是把本能冲动变为自我。这句话说来甚似简单，但事实并非如此。问题立刻会出现，诸如：无意识是什么？意识是什么？抑制是什么？无意识如何变为意识？设若这种情况发生，其结果是什么？

我们必须先考虑的是，意识与无意识有几种不同的含义。第一个意义，是就功用而言的；在这种意义下，“意识”与“无意识”是指一个人内在的主观状态。说某人意识到这个或那个心理内容，意思是说，他察觉到他的某种情感、欲望或判断等。在这种意义下，无意识是指他没有察觉到他的内在体验；如果他对所有的体验——包括感官知觉——全都没有察觉，则他就会完全像是无意识的人。谓某人意识到某些情感等，意思是说，相对这些情感而言，他是有意识的；谓某些情感是无意识的，是说相对这些情感而言，他是无意识的。我们必须知道，“无意识”并不意味没有冲动、情感、欲望、恐惧等，而只是说他没有察觉到它们。

另一种十分不同的说法，是把意识与无意识当作我们身体内的某种部位，以及与此等部位相关的某些内容。有些人用“意识部分”“无意识部分”，其意义就是如此。在这种意义下，“意识”是人格的一部分，有其特有的内容，而“无意识”则是人格的另一部分，有其另外的特有内容。在弗洛伊德的看法中，无意识部分主要是非理性的领域。在荣格的思想中，却几乎正好相反，他认为无意识部分主要是智慧的最深渊源，而意识部分则是人的智性部分。在这种看法中，无意识部分被认作是一个房子的地窖，凡是在上层无法存放的东西，都堆积在地窖里面；弗洛伊德的地窖主要储藏的是恶，荣格的地窖主要储藏的是人的智慧。

正如 H. S. 沙利文（Sullivan）所说，把“无意识”当作人的部位是很不幸的，这种看法把其中所寓的心理事实做了错误的解释。我愿附带说明一句，这种看法可以说是我们现代西方文化一般趋向的产品，现在西方文化是用“有”的观念来看事物，而不是用“是”的观念。我们有了焦虑问题，有了失眠症，有了躁郁症，有了心理分析医生，正如我们有了一辆汽车、一座房子或者一个小孩。以同样的口吻说，我们有一个“无意识”。由此可以知道，许多人用“下意识”一词来代替“无意识”，并非偶然。显然，下意识更符合部位观念。我可以说“我没有意识到”某件事，但我不能说“我下意识到”它。

关于“意识”，另外还有一种常常导致混淆的用法。意识被认作是与反省的智性相同，而无意识则被认作是未经反省的经验。当然，这种用法设若不是同另外两种意义相混淆，是我们无须反对的。然而，智性的反省固然常常是有意识的，但并非我们所意识到的事物都是智性的反省。如果我看一个人，我就察觉到他，并察觉到因他而在我之内所引起的一切，但只有当我把我自己同他加以分别，而置于主客对待的地位，我的意识才会同智性的反省合而为一。当我察觉到我的呼吸，情况也是如此；事实上，当我开始去想我的呼吸时，我就已不再察觉到它。我的一切，乃至我自己同世界相关的事情都是如此，这些我们稍后再做讨论。

既已决定把意识与无意识当作察觉与不察觉，而不当作人格的两种“部位”以及其中的内容，我们现在必须考虑一个问题：是什么东西阻止某种经验，使它不能被我们察觉到或者意识到呢？

但在我们讨论这个问题之前，先得回答另一个问题。如果我们以心理分析立场来言意识与无意识，则包含着意识的价值比无意识要高。否则我们何必扩充意识的领域呢？然而，一般所言的意识，显然并没有这样的价值。事实上，大部分人在他们的意识心中所具有的只是虚妄幻象。这并不是因为人们无能力看到事实的真相，而是由于社会所造成的结果。人类历史中（除了某些原始社会之外），各社会大部分是由少数人统治并剥削大多数人。为了得以这样做，这少数人通常是用武力，但只是武力还不够。长久下来，多数人必须变得自愿接受剥削——而要到达这一步，人的头脑里必须装以各式各样的谎言与幻象，以便使他们接受少数人的统治。然而，人们对于他们自己、他人以及社会等所存的看法为幻象，这还不是唯一的原因。在历史的发展中，每个社会都因其生存所需而发展成某一个形式，并陷在这个形式之中，而忽略了众人与共的人性面，即更广泛的人性目标。社会目标与普遍目标的冲突也导致所有种类的社会性幻象，这些幻象抹除了人性目标，并把那个社会的目标合理化。

因此我们可以说，意识的内容大部分是虚构与幻象，不能呈现事实的本相。因此，这样的意识是没有什么价值的。只有当隐藏的事实（即未被意识到的）被揭露出来（即变为被意识到的）才是有价值的。这一点我们稍后再做讨论。现在我所要强调的是我们的意识绝大部分只是“虚假的意识”，它是社会所填塞给我们的虚假与不真的认识。

但社会的作用还不只是把幻象导入我们的意识，并且也阻止我们察觉真相。从这一点再向前进，就导致我们抑制或无意识如何发生的问题。

动物对于它周围的事物具有意识，用 R. M. 柏克的话来说，我们可以称它为“单纯意识”。人的头脑结构由于比动物的头脑更大更复杂，就超越了这种单纯意识，并成为自我意识，察觉到他自己是他经验的主体。但或许由于它的极度复杂[①]，人类的察觉方式就有着各式各样的可能性，而任何经验若想被我们察觉到，则必须是头脑的范畴所能容纳的；这些范畴是由意识的思想所赖以构成的。有些范畴，如时间与空间是普遍性的，并构成众人与共的知觉范畴。另一些，譬如因果范畴是许多人所有的，但并非一切人所有。还有一些范畴是更不普遍的，并且随社会文化的不同而有所不同。不管这些范畴的变化如何，经验若想被我们察觉，必须要能够置入我们的概念体系[②]以及它的范畴，并被这个概念体系和它的范畴所接受、关联和排列组合。这个体系本身乃是社会进化的结果。每一个社会由它的生活以及关联和感觉的模式，发展出一个范畴系统，而这个系统决定了知觉的形式。这个系统，似乎可以说像一个社会条件所形成的过滤器；经验除非能够透过这个过滤器，就不能被我们察觉。

---

① 关于意识的神经学基础，William Wolf 博士的私人通信给了我很大的启迪。

② E. Schachtel 在关于儿童时期的记忆遗忘方面，曾表示过同样的观念。[请参看他发人深省的论文：《记忆与儿童时期的遗忘》（“Memory and Childhood Amnesia” in Psychiatry, Vol.X, no.1.1947）]。如这篇文章的题目所指示，他特别讨论的是儿童期的遗忘症，以及儿童所用的范畴（schematas）与成人所用的范畴的不同。他总结说：“儿童早期的经验与成人的记忆的范畴与组织的不相合，主要是由于……成人记忆的约定俗成。”我认为他关于儿童与成人的记忆所持有的看法是正确的，但我们发现，不同的并不只是儿童与成人的范畴，而且各个不同的文化之间的范畴也是不同的，再者，这个问题不仅是关乎记忆的问题，而且是整个意识的问题。

如此，问题是要更为具体地了解“社会过滤器”如何作用，以及如何让某些经验通过，而不让另一些经验通过。首先我们必须考虑到，有许多经验并不容易被我们察觉到。肉体的痛苦可能是最容易被我们察觉到的，性欲、饥饿等也是容易被察觉的，很显然，凡是与个人或团体生存有关的感觉都容易被我们察知。但是至于更为精细或复杂的经验，诸如在清晨看到一朵玫瑰花蕾，上面有一滴露水，而那时空气仍旧清冷，太阳刚刚出来，一只鸟在唱歌——这样的一个经验，在某些文化中（例如在日本）容易被人察觉，而在现代西方通常是不会被察觉的，因为它没有“重要到”值得引起注意。微妙的感情经验是否能被察知，要以那个社会文化中以何种程度来培养这种经验而定。有许多感情经验，在某种语言中是没有字句来表达的，而在另一种语言中则有充分的表达言辞。譬如说，在英语中我们有一个“爱”（love）字，它所涵括的经验范围是从喜欢到情欲到友爱，以至母爱。在一个文化中，如果各种不同的感情经验没有不同的字来表达，则让这种经验被我们察觉到，就几乎是不可能的。一般说来，如果语言中没有字句来表达某种经验，则这种经验就极少被我们察觉。

然而，这只是语言的过滤作用之一。语言间的不同，不仅是由于它们对某些情感经验用不同的字句来指陈，而且也由于字句的结构、文法及字源的意义而不同。整个的语言包含着一种生活态度，它是以此体验生活的方式[①]。

现在举几个少数的例子。有些语言中，譬如说，“下雨”（“it

---

① 请参看 Benjamin Whorf 启发性的著作：*Collected Papers on Metalinguistics*（Washington, D.C, Foreign Service Institute, 1952）。

rains”）这个动词形式，是依我以如何的方式体验到下雨而定的，我是在外面被雨淋湿了，或是我躲在屋子里看到下雨，或者是有人告诉我下雨我才说下雨。显然，对于所经验的事实注重其来源，这对人们经验这个事实的方式是有深刻影响的。（譬如说，在我们现代的文化中，重点是落在知识的纯粹智性面的，我如何知道一件事情，是直接或间接经验到，或听来的——并不重要。）在希伯来语中，动词变化原则，主要是决定一个活动是完成的（完成式）或未完成的（未完成式），而活动发生的时间——过去、现在、未来——则属次要。在拉丁文中，两种原则（时间与完成）共用，而在英语中，则主要是时间感。无须说，动词的变化也表示出经验方式的不同①。

另一个例子是，在不同的语言中动词及名词有不同的用法，甚至相同的语言中，不同的人也有不同的用法。名词指涉“东西”，动词指涉活动。日益渐多的人喜欢用持有的意念来思考，而不用生活或活动的意念来思考，因此，他们喜欢名词甚于动词。

语言由于它的用字、文法、结构，以及其中所含藏的整个精神，决定了我们如何去体验，以及何种体验会透入我们的知觉。

逻辑是第二个层面，来决定人如何思想，何种经验得以被我们察觉的。大部分人以为他们的语言是“自然的”，并认为其他的语言只不过用不同的用词来表示同样的事物，他们也以为决定思想的那些规则是自然的，是普遍相同的。他们以为在某个文化体系中不合逻辑的在其他语言中也不合逻辑，因为他们以为他们的逻辑是

① 这种不同之处的重要性，由旧约的英文译本及德文译本可以十分清楚地看出来；希伯来语中用完成式来表达一项情感经验时，译者常常把它误解。例如，希伯来语中爱的完成式意谓“我充分爱”（“I love fully”），但英语则译为“我爱了”（“I loved”）。

“自然的”。亚里士多德逻辑与矛盾逻辑（paradoxical logic）的不同就是一个好例子。

亚里士多德逻辑是以同一律（A 是 A）、矛盾律（A 不是非 A）与排中律（A 不能是 A 又是非 A）为基础。亚里士多德说：“同一事物就同一点而言，不能同时属于某一事物又不属此一事物……这乃是一切原则中最为确定的原则。”①

与亚里士多德逻辑相反的一种逻辑，我们可称之为矛盾逻辑，它认为 A 与非 A 在作为 X 的表词时，并不互相排斥。矛盾逻辑在中国与印度思想中，在赫拉克利特的哲学中以及后来的黑格尔与马克思思想中都占着主要的位置。矛盾逻辑的普遍原则被老子说得十分清楚：“正言若反。”② 庄子也把它说得很清楚：“其一也一，其不一也一。”

在一个社会文化中，设若亚里士多德的逻辑是无可置疑的，在其中生活的人要想察觉同亚里士多德逻辑相冲突的经验，就是极其困难的——设若有其可能性——因为在这个文化的立场看来，那种经验根本是无意义的。弗洛伊德的好恶相克的概念是一个很好的例子，这个概念是说，我们可以对同一个人同时又爱又恨。从矛盾逻辑的观点来看，这个经验是十分“合逻辑的”，但从亚里士多德逻辑的观点来看，则没有意义。结果是，大部分人很难察觉到好恶相克的情感。如果他们察觉到爱，他们就察觉不到恨——因为两种相

① Aristotle, *Metaphysics*, Book Gamma, 1005 b 20，引自R.Hope 所译的 *Aristotle's Metaphysics*（Columbia Univ. Press, New York, 1952）。

② Lao-Tae, “*The Tao Teh King*”, “The Sacred Books of the East, ” ed. by F. Max Mueller. Vol. XXXIX（Oxford University Press, London, 1927, p.120）。译者按：系出自《老子》第七十八章。

冲突的情感，在同时对同一个人发生，乃是根本无意义的[①]。

这个过滤器除了语言和逻辑之外，还有第三个层面，就是经验的内容。每个社会都会排除某些思想和情感，使它的社会分子不去思考、感受和表达它们。有些事情不但是不可以去做，而且甚至不可以去想。譬如说，在好战的部落中，它的分子是以屠杀和抢劫为生，但是它的分子之中，可能有人对杀与抢感到厌恶。但极可能他不会察知这种情感，因为这种情感同整个部落的情感无法相合；察知这种不相合的情感，可能会导致完全的孤立感和放逐感。因此，这样一种厌恶感，很可能不会进入他的知觉，却发展成为呕吐现象。

在一个爱好和平的农工部落，如果有人具有屠杀和抢劫的冲动，则会发生类似的情况。他也很可能不让自己察觉到他的冲动，但是却会发展出一个症候——可能是强度的恐惧症。我们还可以举另外一个例子：在我们的那些大城市里，一定有许多店老板有着这么一两个顾客，十分需要一套衣服，却连最便宜的都买不起。在这些店老板中一定又有少数几个，具有人性的自然冲动，想用那顾客出得起的价钱把衣服卖给他。但这些店老板中，又有几个让自己察觉到这种冲动呢？我想非常之少。大部分会把这冲动抑制，而我们可能会发现这些人之中对这个顾客表现出冒犯性的行为，以便掩饰他无意识的冲动，或者那天晚上他会在梦中把人性的冲动表现出来。

关于知觉的内容，我们可以再进一步提出两个问题。何以某些内容不合于某些社会呢？再者，个人何以如此惧怕察觉到被社会所禁止的内容？

对于第一个问题，我必须涉及“社会性格”的概念。任何社会

---

① 关于这个问题，更详细的讨论请见笔者所著的《爱的艺术》一书。

为了生存，都必须把它的分子加以塑造，使他们愿意做他们所必须去做的。他们的社会功用必须变得内在化，变成某种他们想要去做的事情，而不是他们不得不去做的事情。一个社会不允许这种模式被破坏，因为假如这种社会性格丧失了稳固性，许多分子就不会再做他们被期望去做的事，因此以原先的模式而生存的社会就会遭受到危险。当然各个社会对于它的分子的社会性格塑造有着不同的弹性，为了保护这种性格而立下的禁忌也不相同，但所有的社会都有禁忌，而破坏禁忌则会导致放逐。

第二个问题是，人为什么如此惧怕那隐含着的放逐危险，而不让他自己察觉到“被禁止的”冲动。要回答这个问题，我必须重提我在别处曾做过的讨论[①]。简单地说，除非他发疯，否则他就一定要以某种方式与他人相关。与他人全然无关则会把他带到疯狂边缘。就以他是一个动物而言，他所惧怕的是死亡，而就以他是一个人而言，他所惧怕的则是完全孤独。这种惧怕要比弗洛伊德概念中对阉割的惧怕还要严重，它是不让人察觉到被禁忌的情感与思想的主要原因。

如此我们得到的结论是，意识与无意识是受社会制约的。凡是能通过社会的三重过滤器（语言、逻辑和禁忌）的情感与思想，我都能够察觉。凡是不能通过过滤器的经验，都留在知觉之外，这就是说它们是无意识的[②]。

关于受社会所制约的无意识，还有另外两点须加说明。一种是

---

① 请参看笔者在《逃避自由》（*Escape from Freedom*, New York, Rinehart, 1941）和《健全的社会》（*The Sane Society*, New York, Rinehart, 1955）两本书中关于这个概念所做的讨论。

② 关于意识的这一层分析与马克思就意识问题所达到的结论相同，“并非意识决定人的生存，而是人的社会生存决定他们的意识”（*Zur Kritik der Politischen Oekonomie*, Berlin, Dietz, 1924, foreword, P.LV）。

比较显然的，就是社会的禁忌因每个家庭的不同而有加减。一个儿童由于惧怕被父母遗弃，为了不触犯他父母亲的禁忌，除了社会的正常意志之外，还把这些受到禁忌的经验加以抑制。反过来说，父母亲如果有十分开放的内在和很少的“意志”，则由于他们的影响，往往使得社会过滤器（和超自我）较为宽敞和容易通过。

第二点涉及一个更为复杂的现象。我们不但抑制同社会思维模式不相合的那些欲望，并且凡是不合于整个人类的生长与结构原理，不合于“人道良心”的冲动，我们也同样加以抑制。

毁灭的冲动，或退回子宫的冲动，或死亡的冲动，吃掉那些我想与之接近的人的冲动——所有这些以及许多其他退化性的冲动，可能与社会性格相合，也可能和社会性格不合，但它们却无论如何都不合于人的本性进化目标。婴儿要求被喂奶是正常的，这即是说，它与婴儿在进化中所处的状态是相符的。如果成年人仍要求同样的目标，则他就是病态的；由于他不仅被他的过去所推动，也同样被他整个结构之内的目标所推动，因此，他会在他现在的样子与应当是的样子之间察觉到分裂；在此处，“应当”一词不是道德意义上的命令，而是蕴涵在他由此发展出来的染色体中的进化目标，这些目标与他的身体结构、眼睛的颜色等，都是早就“存在”在染色体中的。

人如果与他所生活于其中的社会群体丧失接触，则他就会惧怕遭受到彻底的孤立，而由于这种惧怕，他不敢去想“不可去想”的事物。但人也惧怕同人性完全隔离，这个人性是蕴涵在他之内，并代表他的良心的。完全无人性，也同样是可怕的——虽然历史的证据似乎告诉我们，设若整个社会都采取非人性的行为模式，则不合人性不如被社会流放那般可怕。一个社会越是接近人道的生活模式，则孤立于社会同孤立于人性两者的冲突就越小。社会目标与人性目标的冲突越大，则个人在这两个危险的极端之间被分裂得也越严重。无须说，一个人——由于他自己智力与精神发展——越是感到与人性的一体，就越是能够忍受社会的流放，反之亦然。一个人有何种能力服从他的良心，是依他以何种程度超越他的社会界限而变为一个世界公民而定，就是说，依他以何种程度成为“大同者”而定。

个人不允许自己察觉与他的文化模式不相合的思想与情感，因此他必须抑制它们。从形式上来说，什么事物被意识到，什么事物不被意识到，除了个人的、家庭的因素与人道良心的影响之外，是依社会的结构以及其所产生的情感与思维模式而定。至于无意识的内容是什么，却无法做一般性的界定。但有一句话是我们可以言之无误的，就是，它总是代表着整个的人，包含着他一切光明与黑暗的潜在性；人对于生存问题的种种不同答案，其基础都包含在无意识中。在最为退化性的文化中，由于其中的分子倾向于退回动物生活，则这种愿望就是统御性的愿望，并且被当事者意识到，而所有想从这个层面上生起来的欲望都被抑制。如果一个文化已经脱离了退化方向，而走向精神进化的目标，则那些代表黑暗的力量就不被当事者意识到。然而，人不论是身处何种文化，他自身之内都具备着一切潜在的可能性；他是原始人，是兽类，是食人族，是偶像崇拜者，并且是具备着理性、爱与正义能力的生物。因此，无意识的内容既不是善也不是恶，既非理性亦非非理性，它两者皆是，它是一切人性的总汇。无意识是整个的人——减去那与他的社会相符的部分。意识代表社会人，代表着人生于其中的历史处境的种种限制。无意识则代表普遍的人性，代表着整个的人——这个人的根是在宇宙中；无意识代表着他之内的植物，他之内的动物，他之内的精神；它代表着他的往日，直至他人类的曙光初现，并代表着他的未来，直至他将变为充分的人类，那时自然将人性化，而人亦将“自然化”。

把意识与无意识做了上述的界说之后，现在我们要问，将无意识变为意识，或解除抑制有什么意义呢？

在弗洛伊德的概念中，将无意识变为意识，只有一个有限的作用，这最主要是因为他认为无意识的主要内容是受抑制的、本能的欲望，这些欲望之所以受抑制，是由于它们同文明生活不相合。他只处理独特的本能欲望，诸如乱伦冲动、阉割恐惧、阳具嫉羡等；他认为这些冲动在患者个人的历史中是被抑制的。而察觉到这些冲动，则被认为有助于自我对它们的控制。当我们越出弗洛伊德的这个有限的概念，而采取我们前述的观点时，则将无意识变为意识（“本能冲动变为自我”）就具有了更广、更深的意义。将无意识变为意识，是将普通人性这个理念变为活生生的体验。它是人性的真实体验，是人道主义在经验上的实际实现。

弗洛伊德看得很清楚，抑制作用会严重干扰人对事实的认识，而把抑制解除，则会导致对事实的重新认识。弗洛伊德把因无意识欲望而来的偏曲称为“转嫁”，H. S. 沙利文后来称之为“小儿性偏曲”。弗洛伊德对这个现象的最早发现，是患者对分析者的态度——患者并不把分析者以分析者本身的样子来看待，而是把他作为自己的期望、欲望和焦虑的投射，这些情感是幼年时因某个同他有重要关系的人而经验到的。只有当患者触及他自己的无意识，他才能把他自己所产生的偏曲克服，而见到分析者本身，以及他的父亲或母亲的原本样子。

弗洛伊德发现的重点，在于我们以一种偏曲的方式来看事物。我们以为是以一个人本来的样子来看他，而实际上我们却只看到我们自己对他的投影，却不察觉。弗洛伊德不仅看到转嫁的偏曲影响，并且也看到由抑制而产生的许多其他偏曲性影响。一个人若是被自己所不知的冲动所驱动，而这些冲动又与他有意识的思想（这代表着社会现实的要求）相违背，则他就会把他自己无意识的欲望投射出去，成为他人的欲望，因此他没有察觉到它们是在他自己之内，却——愤怒地——以为是在他人心中（“投射”）。或者，他会为他的冲动发明合理的借口，而实际上它们的原因完全不同。这种意识上的理由，只是我们无意识的真正动机的假原因，弗洛伊德称这种行为为合理化作用。不论我们所遇到的是转嫁、投射或合理化作用，当事者所意识到的都只是一个假象，而他所抑制的（即他无意识的）却是真相。

把上面所说的几点综合在一起，我们对于无意识－意识得到一个新的概念。我们可以这样说，一般人虽自以为是醒着的，实际上却是半睡。“半睡”二字，我是说他同事实的接触只是十分片面的；他所以为的事实（他之内的和他之外的），大部分只是由他的头脑所构筑的一组假象。他对于事实真相的察觉，只以他的社会作用的所需为限。他对于他的同胞的认知，也是以他对他们的合作的需要为限；他对于物质的和社会的事实的认知，是由于他需要认知它们，以便操纵它们。他对于事实的认知是以生存的目标使此等认知为其所必需为限。（在睡眠状态中，对外界实况的认知力则是暂时搁置起来，而在必要情况下，很容易恢复过来；在疯狂状态下，则对外界实况不再有充分的认知能力，并且无论在任何危急状况下，都不会恢复。）一般人的意识主要是“假意识”，包括虚构与幻象，而他所未曾认知的部分却正是事实的真况。因此，一个人所意识到的事物和他好像意识到的事物是不同的。他所意识到的，大部分都是幻象；但对于隐藏于这些幻象之后的实况，他却可以好像意识到。

由于前面的讨论，我们还可以见到无意识的另一个层面。由于意识只代表着由社会模式所模造的那一小部分经验，而无意识则代表着四海皆同的人的富源与深度，因此抑制状态会导致这样的结果，即是我这个偶然的、社会的人，同我整个的人性的人被分开了。我对自己是陌生人，正如同每个人都成了我的陌生人一般。我从那人性经验的巨大领域被切断了，我只是人的一块碎片，是一个残废，这个残废只体验到他自身之内和他人之内实况的一小部分。

到现在为止我们所说的只是由抑制所产生的偏曲作用，另外还有一种情形是我们必须提及的，即是头脑化作用。这种作用不至导致偏曲，但它却使体验变成不真的体验。我以为我看到了，但实际上我只看到文字；我以为我感受到了，但实际上我只是在想那感受。受制于头脑化作用的人是疏离性的人，他就如同柏拉图的譬喻中所说的洞窟人，在洞窟里他只看到物体的影子，却把这些影子当作了直接真实的物体。

这种头脑化作用，同语言文字的暧昧不明是有关系的。一旦当我把某些事用语言文字表达，疏离随之发生，而原先充分的体验现在已被语言文字所替代。充分的体验实际上是存在到用语言文字表达时为止。头脑化作用在现代文化中实际比历史上任何时代都更为普遍与强烈。科学与工艺的成就是以智力为条件，因此近代就特别强调智力性的知识，而教育与学识也就以此为重，结果是语言文字取代了体验，然而当事者却没有察觉到这一点。他以为他看到了某些事物，他以为他有了某种感受，实则除了记忆与思想之外，并没有体验。当他以为他抓住了事实，其实只是他的头脑我（brain-self）抓住它，而他自己、他这个整个的人、他的眼睛、他的手、他的心、他的肚子，却什么也没抓住——事实上，他并没有参与他以为是的他的体验。

如此，在无意识变为意识的过程中，所发生的是什么？要回答这个问题，我们最好把它改换一个方式来说。实际上，并没有“意识”这样一种东西，也没有“无意识”这样一种东西。所有的仅是种种程度的意识－认知与无意识－不认知。因此，我们的问题宁可这样说：当我对我原先所没有认知的事物逐渐认知时，所发生的是什么？依照前面所讨论的意义，这个问题的答案是这样：这个程序的每一步，都使我了解到我们“正常”的意识虚幻、不实。去意识到原先所未意识到的事物，而因此扩充了自己的意识，意思是触及真情实况，并且——在这种意义上——是触及真理（在智性上与情意上）。扩充意识，意味醒来，意味拉起一重幕，离开洞窟，意味把光带入黑暗。

这种体验是否就是禅宗所称的“开悟”体验？

这个问题容后讨论。此处我要对心理分析一个至关重要的问题做进一步说明，即是使无意识变为意识[①]需要洞见与知识，这洞见与知识，其性质为何？无疑，弗洛伊德在心理分析研究的最初几年，所持的是一般理性主义的观点，即是知识是智性的、理论性的知识。他认为向患者说明某些发展何以会发生，并告诉他分析者在他的无意识中发现了什么，就已足够。这种智性的知识，是所谓的

① 对于这种改变，英文中没有确切的字句来表达。我们可以称之为“未受抑制时的状态之恢复”或者更为具体些，称之为“觉醒”，我则建议称之为“抑制之解除”。

"解释"，被认为可以使患者发生改变。但不久以后，弗洛伊德和其他心理分析者就不得不发现斯宾诺莎的话中所蕴涵的真理，即是智性的知识，除非也同时是情意的知识，否则就不能导致改变。他们越来越明显地看到，智性的知识就以其本身而言，并不能产生任何改变。一个人由于在智性上知道了他无意识的欲求，顶多可以对它们做更多的控制——然而，这是传统伦理学的目的，却不是心理分析的目的。患者如果仍旧保持着一个科学的观察者的态度，把自己当作他考察的对象，则他就没有触及他的无意识，他只不过是想到它，他并没有体验到他自身之内那更广阔、更深沉的实况。发现自己的无意识，绝不是一个智性的行为，而是一种情意的体验，这种体验几乎是不可说的。然而，这并不意味思考不能预先为这种发现铺路；但这个发现，其本身却是一个整体的经验。这种体验以自发与突然为其特征。当事者的眼睛突然开了，自己同世界都从不同的角度显示出来。在这种体验发生之先，通常都会经历到甚大的焦急，然后则是新的力感与安定感呈现出来。无意识的发现过程可以说是经验领域的连续扩充，这些经验是被深刻地感受到，是超越理论性的、智性的知识的。

这一种体验性的知识，其重要性在于它超越了主客对立的知识与觉察。这种主客对立的知识与觉察，是由于以自己作为智性主体，来观察作为一个客体的自己而得：由于体验性的知识超越了这种主客对立的知识，因此也就超越了西方的、理性的认知概念。(在西方传统中对于体验性的知识有些例外的例子，这可见于斯宾诺莎的最高认知形式——直觉，也可见于费希特的智性直觉或柏格森的创造意识。所有这些直觉范畴都超越了主客分裂的知识，就禅宗的问题来说，这种体验是十分重要的，我们在谈到禅的时候加以讨论。)

心理分析学的要素还有另一点是需要在此提及的，即是心理分析者的角色。原先这同一般“治理”患者的医生并没有什么不同。但经过一些年月之后，情况则有了基本的改变。弗洛伊德认识到，分析者自己需要经过分析，即是须经历他的患者后来所需经历的程序。心理分析者之所以需要经过分析，其理由是要把分析者的盲点、神经官能症倾向等解除。但从弗洛伊德整个的观点来看，这个解释是不够的，因为，如我们前面所引用的，弗洛伊德曾经说过，分析者要去做一个“模范”、一个“教师”，要能够在他和患者之间，以“对真理的爱”为基础建立起关系，并排除任何“回避或谎骗”。在这段话中弗洛伊德似乎感觉出分析者具有一种超乎一般医生的作用。然而他仍旧没有改变他基本的概念，即分析者是一个站开来的观察者——而患者是他观察的对象。在心理分析学的历史中，站开来的观察者这个概念从两方面得到修正，一方面是来自弗兰兹（Ferenczi），另一方面是来自沙利文。弗兰兹在生命的最后几年，认为分析者只做观察和解释是不够的，还必须能够爱患者——就是那种患者像孩子般所需要的爱，但又从未得到的爱。弗兰兹心中并不是认为分析者应当对患者感觉到情爱，而是母爱或父爱，或者说是爱的关怀[①]。沙利文从另外的途径得到同样的结论，他认为分析者绝不可带着站开来的观察者的态度，而应该是抱着“参与性的观察者”的态度，由此超越了以往的观念。在我看来，沙利文还不够彻底，而心理分析者的角色定义为“用心的参与者”，比“参

---

① 请参考 S. Ferenczi, Collected Papers, ed. by Clara Thompson（Basic Books, Inc.）以及 Izette de Forest 在 *The Leaven of Love*（New York, Harper, 1954）一书中关于弗兰兹的理念的杰出研究。

与的观察者”更确切。但即使“参与者”一词也不能把此处的意义确切表示，因为参与仍旧是站在外面。对于另一个人的知识，需要在他里面，要去成为他。分析者只有在自身之内体验到患者所体验的一切，才能够对患者有所了解，否则他只能具有关于患者的智性知识，但他永不能真正知道患者的体验，也不能向患者表达出他分析和了解他的体验。在分析者与患者间这种建设性的关系中，在充分投身于患者的行为中，在向患者充分开放并做回应的态度中，在这种同患者共处于中心对中心的关系中，存乎着心理分析的了解与治疗的基本条件。[①] 分析者必须变成患者，然而他又必须仍旧是他自己；他必须忘记他是医生，然而他又必须知道他是医生。只有如此他才能够给予“解释”，而这个“解释”由于是源自他自己的体验，因此具有权威。分析者分析患者，但患者也分析了分析者，因为分析者由于分析了患者的无意识，就不得不把自己的无意识更为厘清。因此，分析者不但治愈了患者，并且也被患者所治愈。他不仅了解了患者，并且最终导致患者也了解了他。当这个阶段到达之后，也就到达了一体与相通的阶段。

同患者的这重关系，必须是实事求是的，必须免除任何情绪作用。分析者或任何人都不能“拯救”他人，他可以做一个引导者，或者说，做一个产婆；他可以指示道路，移除障碍，有些时候可以给予一些直接帮助，但却绝不能去做那只有患者自己才能做的事情。他必须把这件事十分清楚地告知患者——不仅是用语言，并且用他整个的态度。他也必须强调，要认清他们实际的处境，这个处境比一般两人之间的关系更为受到限制。设若这个分析者还要过他自己的生活，并且同时

① 参看“心理学的界限与危机”一文（载于《基督教义的心理分析》）。

治疗着好几个患者，则他同患者相处的时间就更受到限制。但是当患者与分析者相遇的这一刻，却是没有限制的。当他们相遇，当分析治愈在进行之际，当他们互相谈话之际，则不论对患者或对分析者而言，世界上再没有其他事情比他们的对谈更为重要。分析者在同患者共同工作了一些年月之后，确实已经超越了传统医生的角色任务。他变成了教师、模范，甚或变成大师——设若他在未能达到充分的自我认知和自由，未能克服他自己的疏离与隔离之前，都能把自己认作是受分析者。分析者的言教性的分析并不是自我分析的最后步骤，而只是开始，即是说，是日益觉醒的开始。

五、禅之原理

前面我把弗洛伊德的心理分析与人道主义的心理分析之间的脉络做了一番简短的描绘。我曾把人的存在以及这个存在所提出的问题做过讨论，我把泰然状态界定为疏离与隔离的克服，而心理分析所试图达到的目标则是穿透无意识。我曾讨论无意识与意识的本质是什么，而在心理分析学中，“知”与“察觉”又意味着什么；最后，我曾讨论到心理分析者在分析过程中所扮演的角色。

为了讨论心理分析与禅之间的关系，我似乎应当把禅宗做一番系统描绘。幸亏这个工作不需我来做，因为铃木大拙博士在此书前面的禅学讲座中（以及他的其他著作中），已经尽可能向我们传达禅宗的意义——这是说，在禅宗可由语言文字所能传达的范围内。然而，与心理分析直接相关的一些禅宗原理，我还是需要做一番说明。

禅的重心是悟的获得。凡没有得到这种经验的人，永不可能对禅有充分的了解。由于我没有悟的经验，因此我只能用一种切线的方式来谈论它，而不是以应当谈论它的方式谈论它——所谓应当的方式就是出自充分的体验。但这并不是像C. G. 荣格所说的，悟“是一种启蒙的艺术与方法，这种艺术与方法是欧洲人实际上无法去品味的”。[①]就以这方面而言，禅并不比赫拉克利特、爱克哈特或海德格尔更为难解。困难之处在于去获得悟所需要的巨大努力，这个努力是绝大部分人所不愿付出的，因此即使在日本，得悟的人都非常之少。然而，虽然我不能以任何权威来谈论禅，却由于幸运地读到铃木大拙博士的著作，听过他少数的演讲，并且读过凡是我所能接触的一切禅佛教作品，因此，对于禅的结构，我至少得到近似的理念。这个理念，我希望可以使我将禅与心理分析做一个假定性的比较。

禅的基本目标是什么？用铃木大拙的话来说：“禅就其本质而言，是看入自己生命本性的艺术，它指出从枷锁到自由的道路……我们可以说，禅把储藏于我们之内的所有精力做了适当而自然的解放，这些精力在通常的环境之中是被挤压、被扭曲的，因此它们找不到适当的渠道来活动……因此禅的目标乃是要救我们免于疯狂或残废。这就是我所说的自由，是要把秉具在我们心中一切创造性与有益的冲动自由展示出来。我们都拥有使我们快乐和互爱的能力，但我们一般对这些能力视而不见。”[②]在这段定义中，我们发现禅宗的一些基本重点，这些是我愿意再加以强调的：禅是看入自己生命本性的艺术，它是从枷锁到自由的一种方式，它解放我们自然的精力；它防止我们疯狂或残废，并且它使得我们得以为快乐与爱表现

---

① 参看铃木大拙的《禅学入门》(*An Introduction to Zen Buddhism*, London, Rider, 1949) 的前言。

② 铃木大拙《禅佛教》(*Zen Buddhism*, New York, Doubleday Anchor Book, 1956, p.3)。

我们的能力。

禅的最后目标是开悟的体验，被称为顿悟。铃木博士在他这几篇讲辞以及他的其他著作中，已经把顿悟做了尽可能的解说。在此处，我愿强调几点，这几点对西方读者——尤其是心理学家——有特别的重要性。开悟不是心智的变态，不是一种神志恍惚状态。它不是可以见于某些宗教现象中的自我迷恋心智状态。“如果我们可以用什么话来形容它，则我们只能说它完完全全是正常的心智状态……”正如赵州所说，“禅即是平常心”，“不论门是向里开还是向外开，都要靠枢纽”[①]。开悟对一个人有着特殊的影响。“你整个心智活动现在都以一种新的格调来作用，而这比你以往所经历到的任何事情都更使你满足、和平、欢乐。生命的调子改变了，在禅之中有着使生命更新的东西。春花更美，山溪更为清澈。”

十分显然，如铃木博士上面所描绘的，开悟乃是泰然状态的真正实现。如果我们想用心理学的说法来说明开悟，则我要说，它是这样一种状态，在这种状态中，人完全和他外在的真实及内在的真实一致，他对于那真实充分认知，并且充分了解。他认知它——而不是他的头脑，也不是任何其他部分，而是他，是整个的人。他认知它，不是把它当作一个用思想去了解的客体，而是它——那朵花、那只狗、那个人——是在它或他之内的充分的真实性中去认知它。觉醒的人对世界是开放的，有回应性的，而他之所以能够开放和回应，是因为他不再把自己当作一个物来执着，因此他变得空虚，而准备着接受。开悟的意思是“整个人格对于

① 请参看铃木大拙《禅学入门》(*An Introduction to Zen Buddhsim*, London, Rider, 1949, p.97)。

真实的充分觉醒”。

有一件极重要的事是我们必须去了解的，即开悟绝非一种意识的分裂或恍惚状态，绝非在自己沉睡之际，自以为觉醒。当然，西方的心理学家易于认为顿悟只不过是一种主观状态，是一种自我催眠。即使像荣格这样同情禅宗的人，都未能免除这种错误。荣格写道：“想象作用，其本身是一种心理事件；因此，开悟不论是真的或是想象的，都无关紧要。一个开悟的人，或自以为开悟的人，都相信自己是开悟的……即使他是在说谎，他的谎言也是一种精神上的事实。”当然，这是荣格对于宗教经验的“真实性”一向所抱的相对论态度，我则与荣格相反。我认为谎言绝不是“精神事实”，并且，就从宗教体验上来讲，谎言除却是谎言之外，什么也不是。但不论是非曲直究竟如何，荣格的立场是绝无法得到禅佛者同意的。在禅宗而言，有一件事是极为重要的，即是分别真悟和假悟：真悟所获得的新观点是真实的，假悟则可能是歇斯底里或精神病态的。在这种情况之下，学生会自以为他得到开悟，而禅师则要让他弄清楚他没有开悟。不让学生把假悟当成真悟，正是禅师的任务之一。让我们再用心理学的说法来说，对于真实的充分觉醒，意味到达充分的“建设性性向”。这是说，自己与世界相关，不是出以接受性的、剥削性的、囤积性的或市场性的方式，而是以创造性的、积极主动性的（采斯宾诺莎的字意）。在充分的建设性状态中，不再有将我和“非我”隔开的幕帷。客体不再是客体，它不再是面对我，而是与我一同。我所看到的玫瑰不再是我思想的一个对象，因为当我说“我看到一朵玫瑰时”，我只不过是把一个物体（玫瑰）放在“玫瑰”这个概念范畴里，而现在我看一朵玫瑰是以“一朵玫瑰的玫瑰是一朵玫瑰”的态度来看。建设性的状态同时又是最高的客观态度；当我看一个客体时，我不再因我的贪婪与惧怕而将它偏曲。我看它是以它本来的样子来看，而不是以我所希望或不希望的样子来看。在这种认识态度中，没有小儿性的偏曲。其所具有的是完全的活泼，而其综合则是主体-客体的综合。我强烈地体验到，然而客体又仍旧原封未动。我赋予它生命，而它又赋予我生命。只有那些未曾认知他对世界的认识是何等偏曲的人，才会觉得开悟是神秘而不可信的。一个人设若认知到那偏曲的程度，则他也就认知到另一种不同的认知，后面这一种，我们也可以称为充分如实的认知。对于这种认知，我们可能只有偶尔的体验，然而我们却可以去想象它是什么样子。一个初学钢琴的小孩子，不能像大师弹得一般。然而，大师的演奏却不是神秘的事，那只是孩子初步体验的完成。

对于真实不加偏曲，不用头脑作用来认识，乃是禅体验中一个基本因素。下面两则故事把这一点说得十分清楚。一则是一个禅师同一个和尚的谈话：

“为了相合于真理，你是否做过什么努力呢？”

“做过。”

“怎么做？”

“饿了吃，困了睡。”

“别人也是这么做，他们可不可以说也是在做训练呢？”

“不。”

“为什么？”

"因为他们吃时不在吃，而在想着许多其他的事，他们就这样任自己被骚扰着；当他们睡时不是在睡，而是梦着千百件事，所以他们与我不同。[①]"

这个故事几乎不需任何解释。一般人，由于受着不安全感、贪婪、恐惧的驱使，不断地落入幻象的世界（而不觉知），他们把这个世界覆以诸种性质，但那些性质本来并不是在那里的，而是他们投射上去的。前面那段故事发生时，情况是如此，而现在又是如何呢？今日几乎每个人都是用他的思想来看、来听、来感觉、来尝味，而不是用他自身之内的看、听、觉、味的力量。

另一个故事具有同样的启发性。一个禅师说："在我开悟之前见山是山，见水是水。当我被教导着开始开悟时，见山不是山，见水不是水。现在，我已开悟，水又是水，山又是山。"于此我们又看到对事实的新的趋近。一般人就如同柏拉图的洞窟人，只看到影子，而误以为是本质。一旦他察觉到这个错误，他就知道那只是影子而不是本质。但是，当他开悟之后，他就离开了洞窟的黑暗，走入光明，于是，他看到的是本质而不是幻象，他觉醒了。当他处在黑暗中，他不能了解光明（如《圣经》所说"光要照进黑暗，而黑暗不懂得"）。一旦他从黑暗中出来，他就懂得了以前与现在的不同：以前他所看到的是幻影，而现在他看到的是真实。

禅的目标是认识自己的自性，它寻求"知汝自己"。但这种知识不是现代心理学家的"科学"知识，不是那把自己当作客体来认知的智性知者的知识；禅宗对自我的知识，不是智性的，不是疏离

① 出自铃木大拙《禅学入门》(*An Introduction to Zen Buddhism*)。

性的，而是知者与被知者合而为一的充分体验。如铃木所说："禅的基本理念是触及一个人生命中内在的运作，并且用最直接的方法去做，而不依靠任何外在的或加添的力量。"

这种对自己的自性洞察不是一种智性的察觉，不是站在外面来做的洞察，而是从内在里体验。智性与体验性的知识不同，乃是禅的重要性，而同时也是西方学生在对禅的了解上所遭受的基本困难。西方人（除了少数例外，如神秘教派），两千年来都相信生存问题的最终答案可以用思想来得出，宗教与哲学中的"正确答案"有无上的重要性。由于这种观点的坚持，铺下了自然科学的发达之路。在西方传统中，正确的思想蕴涵在方法学中，并且为了把思想用于实践——即是用于工艺——正确的思想乃是必需的，但是这样的思想并不能对生存的最终问题提供解答。禅则是建立在如下的前提上：生命的最终答案是不能用思想来提供的。"当事务依通常的顺序进行时，智性上的'是'与'否'可以说是十分方便的；但生命的最终问题一旦出现，智性就无法给予满意的解答。"就由于这个原因，所以开悟的体验永不可用智性的方式来传达。"除非对方原先就具有了这个体验，否则任何解释和论证都是不能沟通的。设若开悟可经由分析而使另一个从未开悟的人完全了解它，则开悟就不是开悟了。因为，开悟设若变成了概念，就不再是它本来的样子，因此也不再是禅的体验。"

不仅是生命的最终答案不能由任何智性公式来提供，并且为了达到开悟，我们还得把许多的心智构想排开，因为这些构想阻碍真正的洞察。"禅要人的心灵自由而不被阻碍。即使是合一与整体的观念也是一种障碍，是一种陷阱，使精神的原本自由受到威胁。"更进一步的结论是，参与和移情的概念——这是被西方心理学家极其强调的——不能在禅宗思想中获得地位。“参与或移情，是对于原本的经验所做的智性解释，但就以经验本身而言，却没有余地去做任何二分法。然而，智性却阻碍其自身，而将经验分裂为两部分，以便做智性的处理。原本的一体感因此消失，而智性以其典型的方式将事实分成碎片。参与或移情乃是智性化作用的结果。那些没有原创性体验的哲学家，就易于沉溺在参与或移情之中。”①

不仅是智性，而且任何权威性的概念或形相都会限制经验的自发性，因此，禅“不认为经典或智者们对经典的注解有任何基本的重要性。个人的体验强烈地对立于权威和客观的启示……”在禅宗中，神既不被否认也不被坚持。“禅要求绝对的自由，甚至脱离神的自由”，它甚至要求脱离佛而自由，因此，禅宗有言：“说了佛字，赶快漱口。”

在西方，教育的目的是逻辑思考的日益精微，但禅宗对于智性的洞察则有不同的态度；它的教育方法“在于把弟子逼入困境，而要想逃离这个困境，不是靠逻辑思考，而是经由更高层次的心灵”。因此，教师不是西方意义的教师。就以他能够主宰他自己的心灵而言，他是一位大师。因此他把唯一能够传达的东西传达给他的弟子：即是他的生命。“不论禅师能做什么，他都无法帮助弟子掌握住这个东西，除非后者已经为了它做充分准备……要掌握最后的实相是只有自己才能做到的。”②

禅师对于弟子的态度，是使现代西方读者感到困惑的，因为现代的西方人认为只有两种情况：一种是非理性的权威，这种权

---

① 铃木大拙：*Mysticism, Christian and Buddhist*, World Perspectives Series, ed.R.N.Anshen（Harper, New York, 1957），p.105。

② 铃木大拙：《禅佛教》。

威限制了自由，并剥削对方；另一种情况则是没有任何权威的放任主义。禅则代表另一种形式的权威，即是合理的权威。禅师并不对弟子发号施令；他对弟子没有任何要求，甚至也不要求他开悟；学生来是自己要来，去也是自己要去。但就以弟子要求从禅师学习而言，有一件事情是必须得承认的，就是禅师是一个禅师；这是说禅师知道弟子所想要知道的是什么。就禅师而言，“他没有什么要用言辞来解释的，也没有什么神圣的教条。不论你肯定或是否定，都吃三十棒。不可静止，也不可明辨”。[①] 禅师同时又完全没有不合理的权威，他的权威是无所求的，而这种权威的来源乃是真实的体验。

真实的洞察同性格的改变是不可分的，除非我们懂得这一点，否则就不能对禅有所了解。在这一点上，禅是植根于佛教思想，就后者而言，性格的改变乃是得救的一个条件。贪婪、自负和自我炫耀必须要丢弃。对于往日的态度是感恩，对于现在的态度是服务，对于未来的态度是责任。以禅的态度来生活，“意味以最为珍惜最为尊敬的心灵状态来对待自己和世界”，这个态度乃是“秘密的美德基础——这种美德是禅宗最典型的特点。它意味不要浪费自然资源，即在经济与精神上善用一切你所接触到的事物”。

禅的伦理目标是要达到“完全的安全感和无畏”，是要脱离枷锁走上自由。“禅是一种关于性格的事，而不是关乎智性的事，这意味禅把意志视为生命的第一原则，而从其中生长出来。”

① 铃木大拙：《禅学入门》。

六、抑制的解除与开悟

从对于心理分析和禅所做的讨论，我们可以看出两者有何种关系。

现在读者必然十分惊奇，禅与心理分析互不相干的看法原来只是对两者的表面了解使然。事实上正好相反，两者的相似倒更使人惊奇。这一章就是想把两者的相似之处做详细说明。

让我们以铃木大拙博士的话（这在前面已引用过）来做开头："禅就其本质而言，是看入自己生命本性的艺术，它指出从枷锁到自由的道路……我们可以说，禅把储藏于我们之内的所有精力做了适当而自然的解放，这些精力在通常的环境之中是被挤压、被扭曲的，因此它们找不到适当的渠道来活动……因此禅的目标乃是让我们免于疯狂或残废。这就是我所说的自由，是要把秉具在我们心中的一切创造性与有益的冲动展示出来。我们都拥有使我们幸福和互爱的能力，但我们一般对这些能力都视而不见。"

对于禅的目标所做的这番描绘可以不加改变地用来形容心理分析所期望的目标，即洞察自己的本性，获得自由、幸福与爱，解放精力，免于疯狂或残废。

我们面临着在开悟与疯狂之间做选择。这种说法似乎令人吃惊，但是，就我看来，这却是源自可见的事实。精神病学所关心的虽然是某些人何以会疯狂，真正的问题则是大部分人何以没有疯狂。想到人在世界中的处境，他的隔离、孤寂、无能以及他对这些事情的认知，我们会觉得这些负担超出了他的荷载能力，因此他很可能"被压碎"。大部分人为了避开这个结果而采用补偿的方法，例如使人疲惫的僵化生活，同群体一致对权力、特权和金钱的追求，对偶像的依赖——这是同他人在宗教仪式中所共享的——自我牺牲式的被虐生活，以及自我迷恋式的自我膨胀——总之，是由变成残废而逃避了疯狂。所有这些补偿作用，都可以在某种程度上使人不至疯狂，但可以真正克服潜在的疯狂的基本办法，却是对于世界做充分性、建设性的回应，而这个回应的最高形式乃是开悟。

在我们讨论到心理分析与禅的中心关联之前，我要再对一些细微的相似之处做一番说明。

第一点要提到的是禅与心理分析相同的伦理指向。达到禅的目标，其条件之一是克服贪婪——不论是对于所有物的贪婪，或对于荣耀的贪婪，或任何其他形式的贪婪（在旧约《圣经》中被称为“贪图”），而这正是心理分析的目标。弗洛伊德在力比多进化的理论中——从口腔接受性经由口腔虐待性，肛门性到生殖器性——就蕴涵着健康的性格是从贪婪的、残酷的、吝啬的性格发展出来，成为一种积极主动的、独立的指向。用我的词汇来说，就是从接受性的性向经过剥削性的、囤积性的、市场性的性向发展为建设性的性向[①]。不论我们用的是什么词汇，基本的重点则是一样，即在心理分析的概念中，贪婪是一种病理现象。当一个人没有发展出他积极主动的、建设性的能力时，就有着贪婪存在。然而，心理分析和禅原本上都不是一个伦理体系。禅的目的超越了伦理行为的目标，心理分析亦是如此。我们可以这样说，这两个体系都认为，它们的目的达成，会同时导致伦理的改变，即是克服贪婪，并获致爱与慈悲的能力。它们并不是想使人因压抑“恶”欲而过美德的生活，而是想使人的恶欲在扩大的意识所放出的光与温暖下，得以融化消失。但开悟与伦理改变之间的因果关联不论如何，认为禅可以不必克服贪婪、自我荣耀、痴愚而能达到其目的，或不必

① 参见 *Man for Himself*（New York, Rinehart, 1947），Chapter Ⅲ。

达到谦卑、爱与慈悲而可获得开悟，则是根本的错误。认为心理分析的目的可以不必经由人格的类似改变即可达到，也是同样的错误。一个达到建设性层次的人，就不再是一个贪婪的人，而同时他也克服了他的自大自负，以及全知全能的幻想；他是一个谦卑的人，并且实事求是地看待他自己。禅和心理分析两者的目的都是某种超过伦理的东西，然而，除非是发生了伦理上的改变，它们的目的都是无法达成的。

这两个体系的另一点相同之处是它们都坚持要脱离任何权威，都坚持独立。弗洛伊德批评宗教，其主要理由即在于此。他认为，宗教的本质在于以神来取代会帮助人、会惩罚人的父亲，以对于神的依赖来替代对于父亲的依赖。依照弗洛伊德的看法，人在对神的信仰中，实际是继续他幼童时期的依赖、信仰神，不是成熟者的行为，因为成熟意味只依靠自己的力量。一个宗教竟然说："说了佛字，赶快漱口！"弗洛伊德对这样一个宗教将会怎样说。一个宗教既没有神，又没有任何非理性的权威，它的主要目标仅是在将人解放，使其脱离一切依赖，使他成为主动者，向他指明，背负他命运的责任的是他自己，而非任何他人——对这样一个宗教，弗洛伊德要怎么说。

然而，我们仍旧可以问，这种反权威的态度同禅师与心理分析者的角色岂不是抵触吗？这个问题复又显示出禅与心理分析之间一个深度相关的因素。在这两个体系中，都需要引导者——即自己已经经历过那个体验，而现在要引导患者（学生）达到那个体验的人。这是否意味学生变得依赖禅师（或心理分析者），而禅师的言辞因此变成了学生的金科玉律？无疑，心理分析者确实面临着患者对他的这种依赖（转嫁），并认识到这种依赖所产生的有力影响。但心理分析的目的则是在了解这种缔结，最后并解除它，使患者得到充分的自由，使他脱离分析者而独立，因为患者现在已经在自身之内体验到原先无意识的东西，并且把它归入他的意识中。禅师——心理分析者也是同样——比他的学生知道得多，因此对于他的判断具有信心，然而这绝不意味他要把他的判断强加在学生身上。他并没有叫学生来，而如果学生要走，他也不加阻止。如果学生自动来找他，要在他的指导下走过开悟的陡坡，禅师是愿意帮助他的，但学生却必须自己照顾自己。我们没有一个人是可以救另一个灵魂的，人只能自救。禅师所能做的，只是产婆的事，是登山向导的事。正如一位禅师所说："我其实没有什么话要告诉你们，如果我要这样做，将来会变成我们的笑柄。再说，不论我说什么，那终究是我的，而绝不会是你的。"

赫里格尔论箭术的书为禅师的这种态度提供出醒目而具体的说明[①]。禅师坚持他合理的权威，即是，对于箭术他知道得更精，因此坚持要用某种方法来学习它；但是禅师并不要任何不合理的权威，他不要对学生有任何权力，他不要学生对教师持续依赖。当学生一旦自己成为精通箭术者，他就可以依照他自己的意思去做，而禅师所期望他的，只是能时时知道他在做什么。可以说，禅师爱他的学生。他的爱是一种脚踏实地的、成熟的爱，是为了学生达到他的目的而尽各种努力的爱，然而他又知道，禅师所做的任何事都不能为学生解决问题，都不能为他达到目的。禅师的这种爱是非情绪性的，是脚踏实地的爱，这种爱接受人类实际上的命运，即是，我们没有一个人可以救另一个人，然而，我们又必须尽一切努力给予帮助，以使另一个人能救他自己。任何的爱，设若不知道这个界限，而认

① Eugen Herrigel,《箭术中的禅》(*Zen in the Art of Archery*, New York, Pantheon Books, 1953)。

为自己可以“救”别人的灵魂，则是其本身尚没有驱除自大与野心。

心理分析者与禅师的相似之处（或应当相似之处）几乎无须提出更多的证据。弗洛伊德认为要使患者脱离分析者而独立，最好的方式就是分析者采取镜子般的、非人格化的态度。但是，如弗兰兹、沙利文、我自己和其他的一些心理分析者则注重心理分析者与患者之间为了达成了解，需要有相互的关联；不过，我们会完全同意这个关联必须免除一切情绪作用，不切实际的偏曲，并且特别要免除心理分析者对于患者的任何干预——不论是何等不显明和间接——甚至于不可要求患者痊愈。设若患者想要痊愈，想要改变，这当然是好的，而分析者愿意帮助他。如果患者对于改变的抗拒力过大，则责任不在分析者。分析者所有的责任只是尽力提供出他的知识与努力，是将自己为患者所欲达到的目标贡献出来。

禅宗与心理分析还有另一个相同之处。禅的（教育）方法可以说是要把学生逼入角落。公案使得学生无法在智性思考中寻求庇护。公案就像一个障碍，使得学生无法再逃。心理分析者也做着——或应当做着——类似的事。他必须避免用种种的解释来喂养患者，因为这只能阻止患者从思考跃入体验。他要把合理化的借口一个一个移除，把拐杖一个一个撤走，使得患者再无从逃避，使他突破充满心中的种种幻象，而体验到真实——即是说，对于以前未曾意识到的某些事情，现在开始意识到。这个程序常导致大量的焦虑，若不是有分析者在一旁给予信念，有时甚至会阻止患者的突破。但这种信念的给予，只是由分析者“在那里”，而不是由言辞，因为言辞会阻止患者去体验他只能用体验才能获得的东西。

到现在为止，我们所讨论的都是禅与心理分析间的切线性的类似处。但这些比较若要具有意义，我们必须把禅与心理分析的主旨做比较才行。禅的主旨是开悟，心理分析的主旨则是克服抑制，把无意识变为意识。

关于意识与无意识，我们已在前面做过讨论，现在让我们把它做一个总结。心理分析的目的是使无意识变为意识。然而，当我们说到“意识”和“无意识”时，我们是把文字当成事实了。我们必须坚持说明，意识与无意识所指的是功能作用，而不是处所或内容。因此，恰当一些说，我们只能说有种种不同程度的抑制状态，即是，只有那些能够透过语言、逻辑与内容所组成的社会过滤器的经验，才能够被我们发觉。如果我能够把这过滤器撤除，则我就可以以一个四海皆同的人来体验我自己，这即是说，由于我的抑制被撤除，我就触及我生命之内最深的本源，而这意味触及一切人性。如果一切抑制都被撤除，则就不再有与意识相对的无意识，有的只是直接的体验。由于我对自己不是陌生人，因此没有人和物对我是陌生的。再者，如果我们某一部分同我自己是疏离的，而我的“无意识”同我的意识是分开的（这就是说，我的“整个我”同我的“社会我”是分开的），则我对世界的了解也在几方面是虚妄的。

第一，是小儿性偏曲（转嫁）。我体验我同他人的关系，不是由我整个的自己去体验，而是由我分裂的、幼稚的自我，因此，我是把他人当作我幼时某个对我有重要性的人来看待，而不是把他当作他真正的自己来看待。

第二，处于抑制状态的人，以虚假的意识来体验这个世界。他并没有看到存在的事实是什么，而却把他的思想图像加在事物上面，经由他的思想图像与幻象来看事物。使他产生种种激情与焦虑的乃是这思想图像，是那有偏曲作用的帷幕。并且，受抑制的人并没有真正体验人与事物，却是用头脑化作用来体验。他自以为同世界接触，实则他只是同语言文字接触。小儿性偏曲、虚假的意识，以及头脑化作用三者并不是各自分开的，而是同一个假象的三个重叠层面，当四海皆同的人与社会人分开时，这个假象就存在着。当我们说生活在抑制状态的人是疏离的人时，我们实际上只是用另一种方式描绘同样的现象。他把他自己的情感与观念投射到客体上，于是不把他自己当作他的情感的主体，却受制于那荷载着他的情感的客体。

与疏离的、偏曲的、虚假的、头脑化的体验相对的是直接的、立即的、对于世界的完整的领会，这种领会我们可见之于未被教育所改变时的婴儿和幼童。就新生的婴儿而言，尚没有我与非我之分。这一种分离逐渐发生，而当婴儿能说“我”，达其成功。然而，儿童对于世界的体会仍旧是比较直接、立即的。孩子在玩球的时候，他是真正看着球在动，他是充分地处于这个体验中，而这乃是何以一个经验可以反复又反复，其乐无穷。成人也认为自己看到了球在滚动。当然，就以他看到了一个客体球在客体地板上滚动来说，这是对的，但他并没有真正看到球在滚动。他想球是在地板上滚动着的。当他说“球在滚”时，他实际上只肯定：(1) 他知道那边一个圆形物体被称为球；(2) 他知道一个圆形物体在平滑的表面上受到推力时会滚动。他的视觉作用只不过为了证明他的知识正确，而由此使得他在世界上有安全感。

非抑制状态是一种再度对事实获得直接、不偏曲的领会，再度获得儿童的单纯与自发性。然而，在经历过疏离的历程及智性发展的历程之后，非抑制状态乃是在更高一层面上返回纯洁状态。这一种回返，是只有在丧失纯洁之后才可能的。

整个这个观念可以清楚地见之于旧约中人之堕落的故事和先知

们的弥赛亚概念。在旧约故事中，人在伊甸园里是处于未分的合一状态。没有意识，没有区分，没有选择，没有自由，没有罪。他是自然的一部分，并且他未察觉到他同自然之间有任何距离。这种初始的、先个人的合一状态，由于第一个选择行为而打断。这第一个选择行为，既是第一个不顺从行为，又是第一个自由行为。这一个行为使得意识产生。人察觉到他自己是他，察觉到他同夏娃女人的分离，以及同自然、动物和土地的分离。当他察觉到这种分离时，他感到了羞耻——正如当我们体验到同我们的人类同胞分离开，我们每个人都会感到羞耻（虽然这是无意识的）。他离开了伊甸园，而这是人类历史的开始。他无法再回到原始的和谐状态，但他却可以充分发展他的理性、他的客观性、他的良心以及他的爱，而致力于达到一种新的和谐状态，以使得——如先知们所说——“地充满了对神的认识，如水充满了海洋”。在弥赛亚的概念中，历史乃是由前个人的、前意识的和谐发展为新和谐的历程，这新和谐是建立在理性发展的完成上。这一个新和谐被称为弥赛亚时期，在其中，人与自然、人与人的冲突将会消失，荒漠要变成果实累累的山谷，羔羊要同狼为伴安息，刀剑将打成犁头。弥赛亚时期是伊甸园的时期，然而又正是它的反面。弥赛亚是合一、直接、整体的时期，但它又是充分发展的人复归于婴儿的时期。

同样的理念也在新约中表示出来：“我实在告诉你们，凡要承受神国的，若不像小孩子，断不能进去。”[①] 这一段话的意思很清楚：我们必须重新变为孩童，对世界做非疏离的、创造性的领会；但在重新变为儿童的行为中，我们却并不是儿童，而是充分发展的

① 《路加福音》第十八章十七节。

成人。到了那时，我们就确实体验到新约中所描绘的事情：“我们如今仿佛对着镜子观看，模糊不清，到那时，就要面对面了。我如今所知道的有限，到那时就全知道，如同主知道我一样。”①

“意识到无意识”意味克服抑制，克服自己同自己的疏离，因此也克服了自己同陌生人的疏离。它意味觉醒，摆脱幻象、假象与谎言，依照事物的本来样态来看事物。觉醒的人是解脱的人，他的自由既不被他人限制，又不被自己限制。察觉到以前所未察觉之物，这个历程乃是内在革命的历程。创造性的智性思想与直觉性的直接领悟，其根源都是这真正的觉醒。谎言只在疏离状态下才是可能的，在那种状态下，人体验不到事实——除非是把它当作一个思想。在向真实开放的状态中（这种状态是存在于充分觉醒中的）谎言是不可能的，因为充分的体验会使得谎言融化。分析到最后，使得无意识成为意识，意味生活在真实中。事实不再被我疏离，我对它是开放的：我任它是它自己的样子；因此，我对它的回应也是“真实”的。

对于世界这种直接而充分的领悟，乃是禅的目的。由于铃木博士在本书中写了关于“无意识”的一章，我因此可以参考他的讨论，并试图将心理分析与禅的概念间的关联做进一步的廓清。

第一点，我愿意再次指出，用词上的困难把事情弄复杂了，而这个，我相信是不必要的。我们把意识与无意识当作名词专用，而不把它们当作为功能来用——后者是指整个人对于他的体验所察觉的或多或少而言。我相信，如果我们脱出用词上的困难，我们将更易于认清，使无意识成为意识同开悟之间的关联。

---

① 《哥林多前书》第十三章十二节。

“禅的趋近法是直接进入物体的本身，从里面来看它。”[①]这一种对事实的直接领会，“也可以称之为意志的或创造性的方法”。接着，铃木说道“禅的无意识”乃是这种创造性的渊源，并接下去说：“无意识是一种得去感觉的东西——所言感觉，不是一般而言的意义，而是我要称为的最原始或最基本的意义。”此处的说法是把无意识当作内在的一个领域，并且要超越它，而且，如铃木继续说的：“对无意识的感觉乃是……基本的、初始的。”把这段话用功能作用的方式来讲，我想我不赞同说感觉到“无意识”，而宁愿说，是察觉到一个更深的和没有习俗化的经验领域，或者，换一种说法，是把抑制的程度降低，而由此降低了小儿性偏曲、图像的投射以及头脑化作用。铃木说禅者是“同广大的无意识直接相通”，我则愿意这样说：“禅者察觉到他自己的真如，并以充分的深度而不加幕帷地察知世界。”稍后，铃木又用功能方式的言辞来谈论：“事实上，正好相反，它（无意识）是同我们最密切的东西，而正因为这样的密切，我们就很难掌握它，正如眼睛不能看到它自己。因此，要意识到无意识，需要意识方面的特殊训练。”此处，铃木选择了从心理分析的观点所正要选择的说法：“其目的是在意识到无意识，而为了达到这个目的，意识方面的特殊训练是必要的。”这是否意味禅与心理分析具有相同的目的，而不同之处仅在于它们在训练意识方面有不同的发展？

在讨论这个问题之前，我愿意先讨论几点需要厘清的地方。

铃木博士在他的讨论中提到了我曾提过的一个问题，即是知识与无知（纯洁）状态的相对。因知识获得而导致的纯洁丧失，

---

① 铃木大拙《禅学讲座》，见本书第一部分。

在禅和佛教中一般称为“情染”（烦恼），或“由智性所统御的意识心干扰（被分别识所干扰的心作用）”。“智性”这两个字引起了一个十分重要的问题。智性是否与意识相同？设若如此，使无意识成为意识就意味着更进一步的智性作用，而这正好与禅的目标相反。况且，它也同心理分析的目标相反，因为心理分析旨在克服智性作用。

必须附带说明的是，弗洛伊德在心理分析工作的早期，认为由分析者给予患者的适当知识，足以治愈患者，那时他确实认为智性是心理分析的目标。我们也必须说明，目前许多分析者在实践上仍旧未脱出这个智性的概念，而弗洛伊德也从未清楚说明过智性作用与情意的、整体的体验的不同——后面这种体验是由真正的“贯穿”所发生的。然而，心理分析的目的却正是这种实验的、非智性的洞察。如我前面所说，察觉到我的呼吸并不意味想到我的呼吸；察觉到我手的运动，并不意味想到它。况且，一旦我想到我的呼吸或我手的运动，我就不再察觉到它们。对于一朵花、一个人，我的喜悦、爱或平和的体验亦复如是。在心理分析中，所有真正的洞察，其特性都是如此——即是，不能用思想来表达——而所有低劣的心理分析其特点则是把“洞察”用复杂的理论来表达，而这些理论同直接体验毫不相干。真正的心理分析洞察是突然的，它的来到不可勉强、不可预料。它不是起始于我们的头脑，而是，用一个日本人的意象，是起始于我们的肚子。我们无法用语言文字掌握它，而设若我们要如此做，它就溜掉了；然而它又是真正的、可以意识到的，而凡经历过这种事情的人，就变成了另一个人。

婴儿对于世界的直接领会是意识、客观性与事实感（同自己相分开的事实）尚未充分发展时的领会。在这种状态中，“无意识是本能性的，它并未超乎动物与婴儿的本能。那不是成熟的人的无意识”。从原始的无意识脱出，而到自我意识的时期，世界是以一个同自己疏离的世界而被体验的，而这种体验的基础乃是主体与客体的分裂、世界人（四海皆同的人）与社会人的分裂、无意识与意识的分裂。然而，设若意识受到训练，而打开自己，把那三重过滤器松开，则意识与无意识之间的分裂就会消失。当这种分裂完全消失，则就有直接的、非反省性的、意识的经验，这正是没有智性作用与反省作用的那种体验。这种知识乃是斯宾诺莎所称为的最高形式的知识——直觉；是铃木所说的“直接进入事物之内，从里面看它”的趋近法，是意志地或创造性地认识事物的方法。在这种直接的、非反省性的领悟经验中，人成为“创造性的生活艺术家”——而这本是我们每个人都有的，只是我们都忘了它。“就这样的人（创造性的生活艺术家）而言，他的每一个行为都表达着原本性、创造性，以及他活泼泼的人格。他的行为中没有因袭、妥协，也没有受禁止的动机……他没有拘泥于他片面的、有限的、受限制的自我中心存在中的自我，他已脱出他的牢狱。”

“成熟的人”若能把“情染”和智性的干扰清除，就能够过“自由与自发性的生活，而骚扰性的情感如恐惧、焦虑或不安全感找不到余地来侵袭他”。铃木在此处所说的解脱，从心理分析的观点来说，即是充分的洞察所可引出的结果。

还有一个用词的问题，我希望简单说明一下即可，因为用词的问题一向都不是最重要的。前面我曾说过，铃木曾提到意识方面的训练，但在另一些地方他又说到“受过训练的无意识包含着他自幼所经历的一切意识经历，而构成他整个的人”。一时用“受过训练的意识”，一时又用“受过训练的无意识”，可能会使我们感到冲突。然而，实际上我认为一点也不冲突。在使无意识成为意识的过程中，在到达充分的、非反省性的体验的过程中，意识与无意识都是要受过训练的。意识必须受训练，以便卸除它对习俗过滤器的依赖，而无意识也必须受训练，以便从它幽密的、分离的存在状态中脱出，进入光明。但事实上，意识的训练和无意识的训练是一种比喻性的说法。需要受训练的既不是意识，也不是无意识（因为既没有一个叫作意识的东西，也没有一个叫作无意识的东西），而是人；人必须受训练将他的抑制取消。去充分地、清楚地体验真实，而又不要用智性的反省——除非是智性的反省在所必需。

铃木建议把这种无意识称为"宇宙无意识"。对于这个用词，由于铃木在他的讲座中解释得十分清楚，因此，并没有什么可以辩论之处。但我却喜欢用"宇宙意识"一词，这是柏克（Bucke）用来指陈一种新的、脱升出来的意识①。我之所以喜欢这个用词，是因为无意识成为意识时，它就不再是无意识（但请不要忘记，这并未变成反省性的智力）。宇宙无意识只有当我们同它分离——也就是说，当我们没有意识到事实时——才是无意识的。当我们觉醒，并触及事实，则就没有我们所说的无意识的东西。另外必须说明的是，我喜欢用"cosmic consciousness（宇宙意识）"而不用"conscious（意识）"，这是因为前者是指一种察觉的功能作用，而后者有指人格之内某个处所的意义。

---

① 请参看 Richard R.Bucke, *Cosmic Consciousness, A Study in the Evolution of the Human Mind*（Innes & Sons, 1901；New York, Dutton, 1923, 17th ed.1954）。顺便提一下，柏克的这本书恐怕是关于这个问题最适合的书。柏克是一位有伟大知识与体验的精神病学家，在这本书中发展出人类意识进化的假说。依照他的假说，人是从动物的"单纯意识"演化到人类的自我意识，而现在则又进一步发展为宇宙意识；这是一个革命性事件，在过去两千年中已经在一些特异的人身上发生过。柏克所描绘的宇宙意识，在我看来正是禅宗所称的开悟体验。

所有这些讨论使我们对禅与心理分析有何种了解?

禅的目的是在开悟：对于真实做直接而非反省性的领会，取消了情染与智性化作用，而如实地认识到自己同宇宙的关系。这一个新的体验乃是儿童时期直接而前智性的领悟重现，但却是在更高一层，是人的理性、客观性与个体性充分发展之后的结果。儿童的直接与合一的体验是在疏离和主客体分裂的经验之前，而开悟则是在此种经验之后。

就弗洛伊德所表达的方式来说，心理分析的目的是使无意识被人意识到，是用自我来取代本能冲动。确实，在他的意思中，所要发掘的无意识的内容只局限在人格的一小部分，即是在儿童早期活泼存在着而后来被遗忘的本能欲望。把这些欲望从抑制状态解放出来，乃是心理分析的目的。再者，抑制的部分发掘，是为了治疗患者的病症——这同弗洛伊德的理论前提已经是相差甚远了。同病症有关的部分之外的无意识，则甚少受到注意。后来，死亡本能概念、情爱概念和自我诸层面的发展，在近年来逐渐导入心理分析学，才把弗洛伊德的无意识内容方面的概念做了某些扩充。非弗洛伊德各学派，对于需待发掘的无意识给予甚大的扩充。其中最为激进的是荣格，但阿德勒、兰克（Rank），以及最近所谓的新弗洛伊德派心理学家们都有贡献。然而（除了荣格以外）范围虽然扩充了，其目的却仍然是为了治疗病症，它未能包括整个的人在里面。

然而，如果我们顺着弗洛伊德的原始目标前进——即使无意识被意识到——则它最后的结论一定会突破弗洛伊德自己所立下的界限——即是本能欲望的发掘，以及病症的治疗。如果我们追随充分发掘无意识这个目的，则任务不限于本能，也不限于任何其他经验，而是在于整个人的整个经验；如此，则其目的在于克服疏离，并克服在对世界的认识方面主客体分裂；如此，无意识的发掘就意味克服情染与头脑化作用；它意味抑制的解除，我自己之内的世界人与社会人的分裂的消除；它意味意识与无意识这对立两极的消除；它意味到达对真实的直接领会状态，既无偏曲，亦无智性反省的干扰；它意味执着于自我的欲望之克服；它意味放弃有一个不坏的自我幻象——当我们执着于这个自我时，我们就想把它扩充、保存，如埃及法老的木乃伊。意识到无意识，意味开放、回应，没有任何东西，却要去生活。

将无意识充分复原为意识，其目的要比一般心理分析的目的显然更为彻底。理由很容易看出，要达到这一个整体的目标，需要超乎大部分西方人所愿做的努力。但姑不论努力的问题，即使这个目标的展望也是有条件的。只有从某种哲学的立场才能对这个目标做展望。对于这个立场我们无须做详细的描绘。我们只要这样说就够了：它的目的不是消极性的——疾病的消除，而是积极性的——泰然生活；而这个泰然生活蕴涵在同世界充分的结合中，蕴涵在对世界的直接而无情染的领会中。这个目的最佳的描绘即是铃木的“生活的艺术”一词。我们必须记得，生活的艺术是以人道主义的性向为其土壤，而佛、先知们、耶稣、爱克哈特，以及诸如布莱克、惠特曼、柏克这些人的教训，都是从这个土壤上生长出来的。除非我们如此去领会，否则“生活的艺术”就失去它特有的意义，被偏曲为今日以“快乐”为名所行的事情。我们也同样不可忘记，这一个性向包含着伦理目的。禅宗虽超越了伦理，却包含着佛教的基本伦理目的，而这些目的则是一切人道主义的教训所共有的。如铃木在本书的讲座中所清楚说明的，禅的目的达成，蕴涵着一切贪婪的克服——不论是对物的贪婪，还是对名誉或欲爱的贪婪；它蕴涵着自我迷恋性的自我荣耀的克服，以及全能的幻象的克服。再者，它蕴涵着克服屈服于某种权威的愿望——屈服于权威的人，认为这个权威可以为自己解决自己生存的问题。当然，只为了治疗疾病才去发掘无意识的内容的人，是不会想去达成这个彻底的目的的——这个彻底目的存乎抑制的克服。

但认为抑制的解除同治疗无关，则又是错误的。性格若非经过分析与改变，治愈病症和防止病症复发就是不可能的，同样，若不是整个人经过彻底改变，精神官能症的性格特征也就不能改变。性格分析的结果有时相当令人失望（弗洛伊德在他的“分析有止境还是无止境”中，把这一点表现得再诚实不过），正是由于精神官能症性格的治疗目的还不够彻底；只有当这个有限的目的被超越，并纳入更广的、人道的目的之中，才能够使人免于焦虑和不安全感，才能达到泰然生活状态。为达有限的目的，其方法或许较为有限而且不费时间，而长期的分析所需用的时间与精力却只能去达成彻底的“改变”目的，而不适用于部分的“改进”目的。这一种看法又由我们前面所说过的一段话来支持和加强。人若没有对世界达成创造性的关联——其最充分的成功是开悟，则他就只能用僵化的生活、偶像崇拜、破坏性向，对财产、名誉等的贪婪来补偿潜在的抑制。当这些补偿物破灭之后，他的神智就受到威胁。潜存的疯狂的痊愈，唯有态度的改变——从对于世界的分裂与疏离，改变为对它创造性的、直接的领会与回应。如果心理分析可以帮助患者走上这条道路，则它就能帮助患者达到真正的健康；若非如此，则它只能帮助改善补偿作用。换句话说，某个人的某种病症可能得到“治愈”，但他却不能“治愈”他的性格。人不是一个物[①]，人不是一个“个案”，而分析者设若把人当作一个物体，他就谁也治愈不了。况且，分析者所能做的也只是在同患者互相的了解中——这意味体验他们的一体性——帮助他觉醒。

然而，在我们说这些话时，我们必须准备面临一项反驳。即是，如果像我前面所说，充分地意识到无意识，是像开悟一般困难和彻底，则我们把它做一般性的讨论岂不是没有意义的？并且，认为只有这个彻底的目的才能使心理分析治疗有真正的成就，亦不成了空洞的想法？

设若只有完全的开悟和完全的不开悟，则前面的反驳确实是有效的，但情况并非如此。在禅宗，开悟有许多阶段，而顿悟乃是最终的和决定性的步骤。然而，就我所知，沿着开悟的方向前进的每个步骤，都被认为是有价值的——尽管当事者永远达不到顿悟的阶段。铃木博士有一次曾把这一点做如下的譬喻[②]：“如果把一支蜡烛拿到全然黑暗的屋子中，黑暗就消失，那里就有了光。但若增加了十支或一百支或一千支，则屋子将更亮。然而，决定性的步骤是第一支蜡烛，是它穿透了黑暗。”

在心理分析程序中，所发生的情况是什么呢？当事者第一次察觉到他是虚荣的，他是惧怕的，他在憎恨，而在意识中，他还总以为他是谦虚、勇敢而充满爱心的人。这新的洞察可能伤害到他，但却为他打开一扇门；它使他不再把他自己所抑制于内的东西投射到他人身上。他向前进，他体验他自己之内的婴儿、儿童、成人、罪

① 参看《基督教义的心理分析》一书中“心理学的界限与危机”一文。

② 就我所记得，是在一次私人谈话中。

犯、疯狂者、圣人、艺术家、男人与女人；他更深一层触及人性，触及世界人；他抑制得少些，比较自由些，比较不像以前那样需要投射和头脑化作用。于是，他可能第一次体验到他是如何在看彩色，如何在看球滚动，他的耳朵又如何突然转向音乐——以前他只是听到它；在感觉到他同他人的一体中，他可能第一次瞥见，他所当作某种东西来执着、培养与拯救的自我，只是一个幻象。他察觉到，以持有自己来试图回答生命的问题是贫瘠之途，他应做自己和成为自己。所有这些都是突然的、出乎意料的，而没有智性的内容掺入其中。然则自此以后，这个人觉得比以前自由了、强壮了，不那么焦虑了。

到现在为止，我们听说的都是目的，并且我曾刍议，如果我们把弗洛伊德的变无意识为意识的原则推到最后，则我们就达到开悟的概念。但就这个目的的方法而言，心理分析与禅确实是完全不同的。禅的方法，我们可以说，是用“坐禅”，公案与禅师的权威，对疏离性的知觉方法做正面攻击。当然，所有这些都不是可以同佛教思想的前提，同体现在禅师身上与禅堂气氛中的行为与伦理价值分离的“技巧”。我们也必须记得，那不是“每个星期五小时”的关怀；学生投身于禅宗寻求教训，这件事本身就是一个极重要的决定，这同他以后所行经的道路有着重大的关联。

心理分析的方法与禅的方法是全然不同的。它训练意识用不同的方法来掌握无意识。它指引注意力，使它注意到那被偏曲的知觉；它导致当事者认识到自身之内的虚假；它以解除抑制的方法，来扩充人性经验的领域。心理分析的方法是心理学的、实验的方法。它考察当事者从儿童期以来的心理发展，并试图恢复他早期的经验，以便帮助这个人体验他现在所抑制的东西。关于当事者对世界所存的幻象，它一步步揭发，以便小儿性偏曲和疏离化的智性作用得以清除。由于对自己比较不再陌生，当事者也对于世界不再陌生，不再隔离；由于他开放了他同他内在宇宙的沟通，他也就开放了他同他外在宇宙的沟通。虚假的意识消失了，而意识 – 无意识的两极对立亦与之一同消失。一个新的真实观出现，在这种观点中，“山又是山”。心理分析的方法当然只是一个方法，是一种准备，但禅也同样是一个方法。而由于它是方法，因此永不能保证一定会达到目的。使得这个目的得以达成的因素是深植于个人人格之内的，而就从实际上来看，我们对这些因素还所知甚少。

前面我所做的刍议是，揭露无意识，若推至极端，可以成为开悟的一个步骤，但这必须放在哲学的意涵上来看，而就这方面来说，最彻底、最实际的成就是禅。但心理分析所用的方式到底能把我们导致何种地步，则必须由以后大量的实验才能得知。前面的观点是表示一个可能性，因此还是需待验证的一个假说。

但可以确定言之的是，对于禅的知识，对于禅的关怀，已经在心理分析的理论与技术上产生了最为丰硕、最为澄清性的影响。禅在方法上虽然与心理分析不同，却可使心理分析的焦点更为集中，为洞察力洒下新的光辉，并且使什么是“见”，什么是有创造性，什么是克服情染与虚假的智性化作用，更为清楚；而情染与智性化作用乃是主体 – 客体的分裂所必然造成的结果。

就智性化作用、权威、自我的虚幻，以及泰然生活状态方面而言，禅宗思想会把心理分析者的视域加深、加广，并且帮助他达到更为彻底的概念，即是充分的意识，其最终的目的是对真实的领悟。

禅与心理分析的关系如果还可以再做一些说明，则我会以为，心理分析学对学禅的学生是有意义的。我可以想象到，心理分析可以帮助禅学生避免假开悟（当然，这就不是开悟）的危险，这种假开悟是纯粹主观的，是一种精神病的或歇斯底里的现象，或者是一种自我催眠状态。心理分析的厘清作用可以帮助禅学生避免幻象，而这乃是开悟的本质条件。

不论心理分析对禅是否有任何用途，站在一个西方心理分析者的立场，我要表达我对东方这项珍贵的礼品的感谢。我特别要感谢铃木博士，他如此成功地把东方思想用西方思想表达出来，使得本质精华毫无所失，使得西方人——设若他愿做这番努力——对禅能够了解到顿悟以前所能够了解到的一切。设若不是“佛性在我们每个人心中”，设若人与存在不是共有的范畴，而对真实的直接领悟、觉醒与开悟不是共有的体验，这种了解如何可能呢？

第三篇

人类处境与禅[①]

理查德·杜·马蒂诺

① 这一篇文章所采取的立场当然是由作者单独负责，但作者愿意在此向 Reinhold Niebuhr 教授、保罗·蒂利希（Paul Tillich）教授、久松真一博士，特别是铃木大拙博士致以深刻的谢意。

禅

一、人类处境

我想利用这一个钟头的时间，把禅做一个全面性的讨论，当然它的重点是落在此次会议的中心课题上，也就是深层心理学和精神治疗学。因此，我将以我的浅陋所见，把禅与人类处境间的关系做一个一般性的讨论。

基本上说来，人的存在是一个自我意识的存在。人并不是生来就落在人性存在中的。婴儿尚不是人，白痴永远不完全算是人，“狼孩”只是类似人，无望的精神病者或许不再是人。

但婴儿、白痴、“狼孩”或精神病者也不纯粹是兽类。婴儿的前自我意识状态，白痴发育不全的自我意识，“狼孩”迟来的自我意识，以及精神病者偏曲的自我意识，都是以一个东西为根源，而这个东西本可以作为他们正常发展的范式的。这个范式即是自我意识，一般在人类社会中所生长的儿童，约在两岁到五岁间第一次呈现出来。对这个现象的起源与发展我们姑不在此讨论，让我们对它的本性直接做分析，并察看它在人类处境中的意涵。

自我意识意味自我察觉。对自我的察觉可以从肯定词“我”表示出来。对自我的肯定意含着自我的分歧，是自我同非我区分、分别。自我的肯定也意含着自我本身的分叉。

自我肯定包含着肯定者与被肯定者。就以肯定者而言，它做出肯定自己的行为。就以被肯定者而言，它是将一个存在着的事实呈现在自己面前。自我的察觉与肯定是自我所做的一个行为，而同时又是交到自我面前的一个事实。作为主体——肯定者的这个自我，在时序上并不比作为客体——被肯定者的自我为先。它的个体性（不可分性）也不比它的分叉为先。自我意识一旦产生，即刻就有自我，而当有了自我，即刻它已经是客体与主体，是主动者与被交给事实者。他是活泼、主动的主体，具有自由与责任，同时它又是一个消极的、被给予的客体，是被注定的、命定的，而没有责任的。这是在自我意识中的自我的永久本性与结构。这是人的基本存在处境，这个处境可以说是被限制的主体性。

这个主体性虽然是受限制的，但仍然是主体性。自我意识的产生意味主体性的产生。存在之所以成为人性存在，正是由于这个主体性。由于是一个主体，自我察觉到自己，并具有自己。再者，由于是一个主体，它就遭遇到并认知到他人的主体亦同样察觉并具有他们自己，因此它可以学习如何去控制和训练自己，使自己成为一个中心人物。然而，婴儿还不算是一个人，白痴永远不完全算是人，“狼孩”只是类似人，精神病者或许不再是人。再者，以作为一个主体而言，自我可以察觉到并且具有一个世界——它的世界。而且，以作为一个主体而言，它在它主体的自由中，可以在各方面超越它自己和它的世界。为向它自己及它的世界表示它不可剥夺的主体性，它永远可以说“不”。

作为一个主体，自我可以在友谊、悲悯与爱中从自己走出来，参与他人的主体性。同时，作为一个主体，它可以有语言，并享受意义，可以发问、起疑和了解，可以反省、估价和判断，可以领会、造假和利用工具，可以做决定和执行决定，可以工作，可以有创造性，经由某种客体或行为来表达它自己。事实上，唯有由于它是主体，它才能具有客体。

如此，在主体性中，自我具有并能超越它自己和它的世界，可以爱，可以了解，可以做决定，可以创造，并可以生产。这是自我意识的伟大面。这是人性中存在的尊严。

然而，正由于作为一个主体——而这是它的伟大面的一部分——自我发现自己的主体性只不过是受限制的主体性。作为主体，它虽然有自由超越它自己和它的世界的任何一个层面，它作为一个自我却没有自由超越它的主体－客体的对立结构。即使它是一个超越者，它仍旧同被它超越的东西相连。作为主体的自我，永远都同作为客体的自己以及它的世界相束缚在一起。作为主体，它行动，并具有它的世界。作为客体，它只是它自身所处的世界的一部分，它是以它的特殊性与有限性被交到它自己面前的。唯因它是一个主体，它才具有一个客体，同样，除非它是一个客体，或具有一个客体，它就永不可能是一个主体。

自我不但是客体－依赖的和客体－限制的，还是客体－阻碍的。在主体性中，自我既察觉和具有它自己，同时又同它自己分离和隔断。作为自我，它永不能以充分和真实的个体性来同它自己接触，了解或具有它自己。它若想做这种企图，则它只能退得更远。自我不断从它自己逃开，因此它只能变得像是一个客体。在它的中间，它是分歧离异的，它超乎它自己的探寻，从自己被阻碍、被移开、被疏离。正是在它具有自己中，它不具有自己。

正如它对自己的察觉一样，它对世界的察觉与具有——实际上，后者只是它对自己的察觉的一个向度——也是一样，即是，具有正是不具有。在自我对它的世界的察觉与具有中，世界永远是一个客体。在反省思辨中来说，自我在它的主体性中可以把世界视为一个整体，而它自己是其中的一部分。然而，正如从反省所见的自己是客体面，同样，以此方式所见的世界也是就主体而言的一个客体。不论是在直接察觉中还是在概念化作用中，世界都是一个客体；而作为主体的自我，是同它有着距离的，是分离的、隔离的。

正是这种主体－客体的二分法，构成了存在的暧昧性和冲突，并且，事实上构成了自我在自我意识中的矛盾。自我在它的结合中分叉脱节，它在自己之内被分区划界，而却不能支持或实现其自我。在它的关联中它被孤立和排拒，它被限制于它所属的世界中，然而又被从这个世界割断。它具有它自己和它的世界，又不具有它自己和它的世界，它既被它自己和它的世界所拘束和限制，而同时又同它自己及它的世界割断，这个自我乃是被两种分裂所撕开，即内在的分裂与外在的分裂。在它的主体性中它永不是纯粹的主体，在它的自由中永不存在绝对自由，它既不是它自己和它的世界的根基，也不是渊源，它既有自己又有世界，但又从未完全具有。这是自我在自我意识中的苦境，是人在人类存在中的不幸处境。

用实存的说法来表达这个苦境，即是自我对于生与死的双重焦虑。对生的焦虑与对死的焦虑乃是一个基本焦虑的两个表现：这个基本焦虑是由于要克服内在苦楚的分裂与矛盾所起的焦虑，这分裂与矛盾阻止自我，使它不能充分成为它自己。由于生而起的焦虑是由于必须同这个矛盾战斗并解决它。由于死而起的焦虑是怕这个解决尚未达成，生命就告结束。只有在自我意识中的自我——为了“做”自己——才有发现并实现自己的需要。这是一个生而秉具的命令，只是对婴儿尚未呈现，对白痴未十分呈现，对“狼孩”只类似呈现，而对精神病者或许永不会再完全呈现。至于对天生完全的动物而言，它则是根本没有的事。

对一个小动物——设若这是可能的，并设若语言不是自我意识的产物——问道：你将来长大了要做什么？这是无意义的。然而，人类的儿童却内在、外在都遭遇到这个问题。因为，只是生物学的或生理学的成长或成熟，并不足以构成作为人类的人的成长或成熟。无疑，女人做母亲要比男人做父亲更近乎实现自己。因此，如果一个小女孩说“我将来要做妈妈”，这似乎是适当的；但一个男孩若说“我将来要做爸爸”，这似乎就被认为答非所问，甚至要使人大为吃惊。

然而，一旦我们认知人的意含不仅是生物性的，则做母亲就不是作为一个人的最后实现。事实上，没有任何角色、功能或职业能最终满足人类的。然而，自我由于在内在的矛盾中寻求它的完成，竟被这个矛盾所误导，以致以为角色、功能或职业可作为满足人类的最后实现。

由于自我即使在沉思其自己的主体性时，都只能见到它的某些客体面向，因此，它自然易于将生命混同于“做某种东西”。主体在其自我发现的任务中，将它的某种客体图像认作了是它自己。经由这种图像，它希望立即能够既证明它自己，又可以自他人得到承认与赞赏，或者是与他人结盟，或者是控制他人，或者是从他人独立。因为在它双重的疏离中，自我遭遇到他人的主体性——这或作为一种挑战，或作为一种威胁——所加之于它的绝对限制。

由于依赖着这投射出去的客体图像来建立它自己，并克服所受到的威胁，自我就很可能把这受限制的、有限的图像认作是它全部的自己，是它的根基、它的渊源，以及它最终的意义，这个图像给它支持，并且是经由这个图像，它得以实现其自身。他的主体性大部分或者是全部——现在都奉献和臣服于这个图像的内容——财富、权力、威望、男性美、女性美、知识、德性的完美、艺术创作、身体美、声望、个性或“成功”。实际上他自己认同这些内容，把注意的焦点完全集中在它们身上，以及由它们所构成的自我概念上。在这种依附与固着中，它很容易成为自我中心这个幻象的牺牲品。自我永远都在追寻它自己，但又永远追求不到；自我不但是客体 – 依赖、客体 – 阻碍的，而最后还是客体 – 统制和客体 – 欺骗的。

这客体图像不论是变成事实、理想或幻想，其中所蕴涵的基本欺骗还是相同的。整体的自我绝不是它的任何片面，譬如它的身体、头脑、才智、地位、“人格”、善、职业、社会或生物学功能、妻子、父亲、母亲、统治者、科学家、思想家、艺术家、实业家——这样的自我，不论是何等丰富，不论何等具有它自己，都不是充分具有它自己，也没有将他作为一个人的身份做最终的实现。

这个真正的主体性可以从自身走出来，以献身于爱、创造、理想或某种任务来表现它自己，然而，以这种方式来表现它自己，它仍旧是束缚于和依赖于它借之表示其自身的那个客体——所爱的人、艺术工作、理想、职业或工作。长期受困于这种受客体所限制的主体性中，这个主体若没有客体就不能做一个主体，因此，它受着客体限制与剥削。也就由于如此，这个主体在对于它所爱的对象之爱中——本能爱或心灵爱——隐含着或公开表露着敌意。这种敌意，以及作为爱的（或创造活动或道德的）主体所含有的骄傲与特有的兴趣，使得主体对于自己的不纯、罪过或罪恶（就以献身于宗教者而言）产生深度的恶心和自责。

这个自我，为了要做一个主体，必须有一个客体，但它却永不可能在任何客体中或经由任何客体而完成它自己。它在客体中或经由客体所完成的自我，尽管有时是真诚的，但仍旧是受限制的、短暂的、会晦暗失光的。不管主体的创造活动如何丰硕，生活内容如何丰富，成就如何伟大，它的自我仍旧是未完成的。由于它不能在自身之内来支持它自己，并且或许因感到自己的不配、没有价值、罪过或罪恶而受折磨，因此它认识到忧郁的面目和孤寂、挫败或绝望的时刻。内在里受着不定、不安的骚扰，甚至对自己轻视或恨恶，外在则很可能表现出诸种心理上的或身体的不安症状。

然而，自我还是常常设法涵容由不安所产生的苦痛，并在这种处境中度其终生。但即使如此，它仍旧时时受着威胁，怕那郁积的、根深蒂固的不安终会爆发为不可涵容的忧苦与惧怕。这种情况的发生，是在自我不再能够找到借口化除它的无价值感或罪过感，或当它对于神圣宽恕变得严重的疑虑，或者当它的客体图像的构成因素失落、毁灭或幻灭了之际，或者失去了对它的吸引力之际。而有时候，日常生活的一般事务也会突然使它创痛地认识到，不仅生活中的每个内容是变动不居的，而自我本身也是变动不居的。这个自我，从小到老，心灵和肉体都受制于疾病和不定，到最后终是要死。

从智性上来说，死的不可避免，当然是自我一向就知道的。然而，对自己这种“不存在”的预先体验，却会根本粉碎借客体图像来完成自我的幻想。由于必死而产生的严重焦虑，锐利地使自我认识到，要想用任何客体的内容来满足作为一个人的意义是根本不可能的。自我完全陷在必须活和必须死的双重焦虑中，它必须忍受最为刺痛心肺的疑虑：是要活着还是不活。

这种刺痛心肺的不幸，或许最为深刻地表白了自我的困境：不论它做什么，它都不能解除它的冲突矛盾。自我只要还仍旧是自我，它内含的冲突矛盾就仍旧存在。

对自己的这种困扰在做了开放而诚恳的认识之后，自我可能具有勇气与力量来背负它的消极性，并继续努力去“活”。尽管这常常构成英雄行为，但却仍未构成自我的积极实现。以接受和忍受来肯定主体的意义，至多仍旧只是潜含的，而不是实际的肯定。如果向坏处说，则重新又会变成幻象。

在这种忍受和支撑中，自我有时认为自己是它存在的一切责任的背负者。以一个客体而言，它是一个被动的、被限制的东西，是它作为一个主体不能用行为与决定所全然左右的东西。昧于这个事实，因此即使当它陷在极大的生命灾难中，它竟然还宣布它是“命运的主宰”，是“灵魂的船长”。

再者，这种自我欺骗之所以能够维持，通常总是由于将情感、温暖、同情和爱压抑下来。那严格自律并使得自己坚强面对生命的消极面的自我，常常变得僵硬，不肯低头，害怕它一旦松懈，就会整个瘫痪。然而，正是这种不能缓和的紧张，使得它处于朝不保夕的情况中，因为它随时都惧怕着自己断掉和崩溃掉。由于承受了过度的负荷、过度的压抑，它可能突然将自己投向完全相反的一面。

与这种情况相反的是意图避免或否认处境的消极面。自我意图否认不顾实际的处境所加予它的限制。处于客体－依赖和客体－压缩的枷锁中，自我意图逃避（而不是去背负）这个枷锁。它陷落在它本想逃避的死路中，而面前则临着内在的裂隙，使它不能充分实现它自己。而它所用的方法则是拒绝承认客体本来的样子，或者是努力去忘掉它，或者是意图否认它。

这个自我漠视组成它的行为与决定的因素，现在投身到行为与做决定的洪流中，以便分散它的注意力，或者仅是为了工作与决定而去工作与决定。在后面这种情况中，自我意图使得主体完全不受客体的限制，而落入双重的幻象中。一方面，作为主动的主体，它想把客体面削减，另一方面，它又惧怕着，除非它一直保持着主动动态，否则它自己就会缩减为客体。

然而，不论动机如何，主体若剥除了客体内容，就不再是一个有意义的主体。它迅即变成盲无目标的操劳，而其目的则只是为了“有得做”“有得玩”，是驱迫性的自发性，放纵的自我武断，不负责任的不随和，或任性的自由与恣情纵欲。不论是哪一种，都只能提供消遣性的兴趣与满足，而即使这些消遣性的兴趣与满足也只能维持片断时间，不久就会衰弱而变得苦辣与枯燥。在绝望中，自我寻求加强这些行为的浓度，于是更加去做，更加去寻求乐趣，更加与社会人群不随和，更加把“所有这一切都干掉”，更加需要多量的麻醉剂、酒、性与倒错。

这一个历程在病理学上是一个邪僻的历程。蕴涵在自我的主－客结构中的客体面，不能被扫除，然而却一再地被弄得空泛、无用；而自我的主体性，由于否认了客体因素的意义，也变得无意义、空虚与放荡。这个自我没有认知到，除非它是一个客体或具有一个客体，它就不能成为主体，因此它恣意投入它不负责任的主体性中，而因此所能做到的却是将它自己缩减了。

由于在“去做自己”方面的努力失败了，自我无法忍受这看似不可能成功的任务所带来的焦虑与负荷，因此它可能受到诱惑——甚至是受到驱迫——把这所有的努力全盘放弃。于此，它选择不“做自己”，想以放弃它的主体性的方式来逃避它的困境。宗教的或俗世的崇拜，讽嘲的态度，对于大众习俗的奴性屈服，心理上向婴儿期未觉醒的依赖状态的退返，或直接的精神分裂——不论是哪一种方式，自我都逃避了它的困境，也放弃了它的自由与责任，并放弃了它自己。

然而，就以其为一个人而言——就是说，以其为自我意识中的自我而言，这样做会产生两种虚妄。尽管放弃主体性仍旧是主体性的一种表示，当自我不再是一个真正的主体时，则就不再是真正的自我。自我不论以何种方式和程度来放弃它的主体性，都必然会导致它自身的缩小与损害。在盲目的迷信或偶像崇拜中，在对于行为与决定的虚无否定中，在对于群众的附和中，在回返子宫的企图中，或在退入精神病的行为中，人性都被否定了，或甚至被毁灭了。放弃主体性与放任主体性是同样虚妄的。

最后，由于不能忍受或面对这困境，自我在对它自己的无助的认知中，可能不是经由放弃主体性来选择“不做自己”，而是经由放弃自己。在逼人的困境同冲突中，自我直接采取自我毁灭的方式而自杀。

如此，所努力的方式不论是决心、接受、逃避或放弃，自我的意图处理它内含的冲突矛盾，都不断面临着崩溃的威胁，它的解决法充其量只是暂时的、片面的，而有时则陷入虚妄幻象与虚无毁灭中。当然，上述各种方式并不是单独出现的。在实际生活中，通常都是数种混合，而程度各有不同，占主要地位者也各有不同。然而，不论是积极的或消极的，负责任的或不负责任的，深刻的或肤浅的，都是来自自我最基本的渴望，就是在自我内在与外在的疏离、隔离、冲突矛盾中，想去发现、实现、真正认知、回返和充分去成为并具有自我以及自我的世界。这一种渴望与寻求，构成了自我意识中的自我的主要与最终的关怀。这种寻求与实现也就是禅宗的起源与最终目标。

二、禅

依照传统的说法，禅[①]始于第6世纪的中国，那时一个叫做神光的人，由于不能满足于儒家和道家的教训，而求教于附近的佛寺中一个从印度来的禅师。这位印度大师叫做菩提达摩，他盘腿面壁而坐，并不接见这位造访者。神光则由于深度的不安而坚持拜访。最后，有一夜天降大雪，神光仍然站在外面，及至天亮时，雪已及膝。菩提达摩感动了，问神光何以如此。神光眼含泪水，请求这位印度大师用智慧来帮助他受困扰的生命。菩提达摩说这条道路有不可忍受的困难，包含着极大的考验，是缺乏毅力与决心的人所不能达到的。听了这话，神光把他带着的一把利刃拿出来，斩断了左臂，放在菩提达摩面前。到了此时，菩提达摩才收他做学生，并取名为慧可[②]。

---

① 禅是禅那的简称，后者是由梵文 dhyāna 音译而来，意为“集中”或“观照”。

② 《景德传灯录》，卷三。

这个故事很可能是传说性的，但其中却包含着象征的意义，可以帮助我们了解禅；在这个故事中我们最先注意到的是不安而令人发狂的自我寻求教师。禅师就似乎是在等待着一个寻求他的人走向他。但即使这时，他仍旧不立即给予承认。从表面上看来，他最初的反应似乎是带着轻视的。这种表面上的不在意甚至拒绝，实际上是刺探求问者的真诚与否。当禅师确定了求问者的真诚性，即刻就是开诚地承认与接受。

确实，是那逼迫人的、不放松的实存困境，使得慧可再次来见菩提达摩，使他整夜站在雪地中，使他斩断他的左臂。被他内在的冲突矛盾所折磨，而又不能被古典的教训所缓和，慧可因此已经用他整个生命为赌注，来向菩提达摩求教。

不论这个故事的历史可靠性有多少，使得禅宗真正开始的，都是对人生困境的寻求解答。如果没有这种寻求的欲望，则访遍无数庙宇，盘腿沉思几十年，参见千万禅师，仍旧只落个学禅的空名。因为禅既不是任何客观上可让人学习的东西，也不提供此种东西；它既不是心理学、宗教、哲学、历史、社会学，又不是某种文化。禅宗的唯一组成成分是人自己的具体生命和存在，是它的基本冲突矛盾与不完整，而且，这个生命与存在不仅有着愿望，并且真正地去寻求和谐与实现。任何人，设若以禅宗之名却不求解决内含于生命中的困境，则不论他如何自称“正统”，都不再是真正的禅者。

慧可被菩提达摩收为学生之后，就开始求问真理。菩提达摩则明言真理是不能从身外求得的。但慧可不能除苦，他的心不安，他恳求师父为他安心。

此处又可看出，慧可的烦恼是从他内在的冲突矛盾产生出来的。中文的“心”字既指头脑又指心，而不只是指心或头脑。希腊文的“psyche”或德文的“geist”或许更为接近它的字意。在前面那句话中，我们可以把心认作是作为主体的自我。这个作为主体的自我，处于被限制的状态，被不安所骚扰，现在要求平复。

菩提达摩其实已经预料到这个情况，当他说解决不可从外而得时，他已经给了指导。然而慧可还未能了解，或者是由于感到无助甚至绝望，他坚持请求菩提达摩为他安心。

菩提达摩的反应如何？他有没有潜入慧可的往日——他个人的历史、他的父母亲、他的童年，以及他何时开始感觉到骚扰不安，以及它的原因、征候，周遭环境等？他有没有探索慧可的当前情况——他的职业、他的婚姻状况、他的梦等，并加以解释？菩提达摩的回答是：“把心拿来，我为你安！”①

菩提达摩抛开慧可生活中过去与现在的一切特殊之处，而直探人类困境的核心。自我处在内含的冲突矛盾中，既不能解决又不能忍受；但菩提达摩所发出的挑战，不是要它说出它感到什么问题，而是指明它自己本身乃是问题的承受者。把那受苦的自我主体拿来！菩提达摩和自他以后的禅宗都了解到，并非自我有了难题，而是自我本身乃是一个难题。把那受苦者本身指明出来，你就得安。

自菩提达摩以后，禅宗的基本态度——不论在形式上、语言文字、行为或表情上有何等变化——就是直指自我意识中的自我之主客二元结构的冲突矛盾。而禅宗的唯一目标就是要克服内在和外在的裂隙——这裂隙将自我同它自己以及它的世界分隔——以便自我得以充分认知自己是什么，世界是什么，并充分去做自己。

① 《景德传灯录》，卷三。

7世纪的惠能是继菩提达摩之后最伟大的禅师，有一次，当一个和尚向他求教时，他只简单而一语中的地说："来的是什么东西？"[①] 据说这句话使得那个和尚——南岳费了八年的时间才回答。另一次，惠能问道："父母未生你以前的面目是什么？"[②]这即是说，在你的自我意识中的自我未做主客分别之前，你是什么？

日本到现在还在盛行的禅宗两个大宗之一[③]是临济宗，它的建立者临济义玄有一次说：

> "在你们的赤肉团里有一个无位真人，常从你们的面门出入，如果你们没有体验，试试看！"
>
> 有个和尚出来问："什么是无位真人？"
>
> 临济从禅床上下来，抓住那个和尚说："你说，你说！"
>
> 和尚正要开口，临济则把他推开说："无位真人，是什么干屎橛！"便回到方丈屋子中。

为了帮助自我觉醒到并认识到这个"无位真人"[④]——也就是说，充分地去做自己，真正认识自己——某些禅师（特别是临济宗的禅师们）用了"公案"[⑤]的方法。11~12世纪，禅宗在中国受到极大的推崇，许多人都来学禅，但并不是出于迫切的存在需求，禅师们就采用了公案的方法。早期的禅师们对于求教者，外表上大概

① 《五灯会元》，卷三。

② 出自《宗门葛藤集》。

③ 另一宗是曹洞宗。

④ 引自铃木大拙 *Living by Zen*, p.23。

⑤ 中文"公案"二字，意谓"公开的文案"。

和菩提达摩一样冷漠。然而，后来的禅师们出于真正而悲悯的助人愿望，就叫凡是向他们来求教的人都去参一个公案。

第一个有系统地运用公案的禅师是12世纪的大慧宗杲，有一次他说：

> 我们从何生？往何去？知道从何生、往何去的人才真正可称为佛弟子。但阅历过这生与死的是什么人？对这何来何去一无所知的又是什么人？突然认知到生命的何去何来的是什么人？而面对这公案，不能把眼睛定住，由于不能领会它，五脏就像吞下了火球却不能立即吐出来那般难过的又是什么人？如果你想知道他是谁，要向不能用理性去解的地方去解。当你这样去领会他，你就知道他终究是超乎生死干扰的。[①]

最终的目标还是同样的：要去领会那不能用理性去解的东西，也就是说，去领会那超乎智性的主客结构的东西。为了这种目的，公案——它是一种问题、挑战或要求——在禅师的应用之下，乃是要产生两个作用的。第一个是穿入深处，唤起那自我意识中的自我之深藏的关怀。第二个是激醒这基本的愿望，同时又使得它们有适当的方向。因为只是把它们唤醒是不够的，为了避免它们可能陷入的许多歧途与陷阱，它们必须小心加以引导，甚至加以养育。

在较早时期（或者说，在公案尚未曾应用的时期），向禅师来求教的人通常都是由自身的体验而感受到生存问题的人，他们已经被某种实存的、逼人的困惑扰乱了。然而，通常他们的问题都是还

---

① 铃木大拙：*Living by Zen*, pp.171—172。

没有探入最深处。问题虽然已经发生了，但既不知它们的根源，又不知它们真正的性质，因此就没有一个确切的形式，因而易于被隐蔽或扭曲。虽然强烈而认真，这种渴望和追求常常还是盲目的、散乱的，需要正确的奠基与指导。

在这种时期，当学生面对禅师的时候，常常遭受到不可抗御的挑战："把你的心拿来！""来的是什么东西？""什么是父母生你以前的本来面目？""你死了以后烧成灰，散尽了，你在哪里？"[①]或者，只是"说！说！"——其效果常常是给予正确的指引。虽然如此，这些挑战或问题并没有被称作公案。禅师与学生之间这种自然发生的直接交流，叫作"问答"。但由于这些问答是在激起和指导自我的最终关怀之处，后来许多就被当作了公案，或者当作了某个公案的基础。

因此，我们可以设想，具备这双重作用的公案是经过悉心设计的，以便能够达到以前自然的、未加悉心设计而达到的成果。我们也可以说，在较早时期——我们姑不论禅宗本身的术语——学生各自有他们自己的公案，这正如同燃烧的东西有火一样，虽然他们的公案尚未具备恰当的形式或焦点，但公案是有的；但到了后来，来求教的人却既没有适当形式的问题，又没有像火一般燃烧的内容。因此，禅师就得从外面把这两种东西一并唤起。在这种情况下，公案不是自发的，而是完全从外面给予的。

但我们又必须立即说明，当"问题"或公案仍旧是在"外边"，或从外面而给予时，它就是没有效果的，而推至最后，也就不是禅宗。然而，公案的性质、结构以及它的用法，却是悉心设计过的，

---

① 铃木大拙：*Living by Zen*, p.189, n.5。

正好可以杜绝这个危险。因为从本质而言，公案就不允许把它放在自我意识中的自我的主客二元结构中。它甚至连“意义”都没有，它不能被“解释”，或被完满解答，它不是一个主体自我之外的客体。最为明显的例子是最早的、最广泛使用的一个公案：“无”。

这个公案——和许多其他公案一样——是记录下来的问答。9世纪的中国禅师赵州有一次被人问到狗子有没有佛性，他回答说：“无！”其原意只是说狗子没有佛性。但后来当作公案时，却完全脱离了原来的狭窄意义，而是叫学生去“观”无，去“变成”无。这个公案乃是“观无”或“成为无”，显然在主客二元的架构中，它根本是找不到意义，也无从掌握的。

同样，后来当禅师们把“什么是父母生你以前的本来面目”当作公案时，或者，当18世纪日本的禅师白隐把“听一只手掌的声音”当作公案时（他喜欢这个公案，甚于“无”，因为前者有较多的智性因素），这些挑战或问题也同样是不能回答的，事实上，在自我意识的主客结构中，在它的智性或逻辑中，它是没有意义的。不论在获得“解答”或“领悟”之后，这个公案具有何种智性因素，但把它当作一个由主体自我所发出的客体问题来看待时，不论从认识论来看，或从其他角度来看，它都是无法了解的。

不论是“无”“一掌之声”“烧成灰之后你在何处？”或“本来面目”，公案——不论自发的或是给予的——都没有提供任何可以当作客体去了解与掌握的东西。设若学生想把它客体化，在细心而明敏的禅师面前，会立刻受到不留情的回拒。

有时候——如在日本所发展出来的“公案系统”——在某个公案中仍旧余留着形式或内容上客体性。为了把这些余留的东西清除，并加深领会，禅师就再给学生一个公案，如此一个跟着一个。

设若用得不当，这种公案系统就变成了它自己的障碍，终致落入公案原先所慎防的危险中。

公案唯一确切的内容乃是争扰不休的自我本身。对于公案的真诚寻求“解决”，乃是分裂的自我寻求自己的重合与实现。从公案的起源来看，它乃是这种实现的表达。不论学生自己是否认识到，他同公案的奋斗乃是他为了实现自己而同自己的奋斗。如果学生把公案当作客体问题来解决或回答，则不论是自然发生的公案，或由禅师给予的公案，他在去意图回答或掌握时必然陷入虚妄。因为，如我们所已说过的，自我的问题正是主客二元对立所产生的问题。

然而，禅宗并没有像我这样把这件事做智性的、概念性的与分析性的解释。它宁愿直接而具体地用问答或公案来挑战，而自我在它的主客二元结构中，则绝对无法作答。这一种攻击，经由登峰造极的语言、行为、姿态动作的表达，构成了禅宗特有的方式，宣布——并使自我了解——自我无法在其自身之内完成自己，自我要想在它主客二元的结构中解决它的冲突矛盾是根本不可能的，因为这个冲突矛盾正是主客二元结构。

因此，公案乃是要在情意上、智性上以至于身体上都激起“大疑”来，以至于整个的自我变成了一个“大疑团”。而除非自我本身变成了大疑团，就不能说它到达大疑的地步。

为了达到这个开始的目标，并为了达到最后的目标，公案就同另一个早已存在的“集中”方法相并行——即是“坐禅”。这种盘腿而坐，两只脚各放在对面的大腿上，脊椎挺直，双手合十或重叠于前方，以“观照”或“默想”的方法，在佛教以前许久就盛行于印度了。释迦牟尼据说就是在这种姿态中成道的。当慧可去见菩提达摩时，据说后者也是以这种姿态面壁而坐。但一个世纪之后，惠能反叛了这种传统，因为他觉得这只是纯粹的拘泥形式，会流于寂静败坏。因此，在他之后关于静坐就很少有人提到。但众所公认的则是，禅宗和尚和这段时期的学生，总得有坐禅的时间。

就以自然发生的公案来说，这种“集中”的内在动力是来自学生的内在骚扰与不安。注意力的焦点和方向最易于集中于不久前同禅师的会见与问答上。学生在这样的会晤之后，易于把它的效力带到“禅堂”的坐禅中。

然而，设若公案不是自行发生的，而是由禅师给予的，则自我对于它的困境就尚未感到强迫性的程度，因此往往还缺乏“集中力”来攻破公案。在这种情况下，临济宗除了公案和坐禅之外，还有所谓摄心①和参禅。

依照寺院的规定，每年有六个月或八个月，每月一个星期的时间，要和尚或学生全心全意来参禅和他的公案。早晨三点钟起身，直至晚上十点钟（或更晚一些），除了轻微的暂时工作，比如诵经、吃饭、听讲、参见禅师以及短时间的休息外，他们全部的时间都用来参禅，这样连续七天。这段时期称为摄心，而白天的时候，两次到五次参见禅师——强迫性的或自动的——则被称为参禅②。

在这种生活与紧张认真的气氛刺激之下，公案可能开始发生效力。要打瞌睡时，精神涣散或疲倦时，受到上位和尚的警策，并且受到禅师的刺激、启发甚至驱使，学生就越来越落入他的公案中。由于他所提出的解答一再被回拒，他就变得越来越动摇，而终致丧失了原来的信念与安适感。渐渐地，他所能提供的越来越少，而禅

---

① 意味“集中心意”。

② 这只是就一般而言，不是更精细的区分。

师却仍旧坚持他必须“作答”，这时，这个学生再无法以“某人”的身份来把他的问题当作“某物”来解答，于是他就面临自我在意图实现其自身时所遭受的同样挫折与绝望。

自我作为主体而不能把公案作为一个客体来解决，正同于自我在主客二元分叉中不能去解决它存在的冲突矛盾，因为它的冲突矛盾就是这个分叉。就学生而言，禅师所给予的这个公案——现在也像是自发的公案——乃是自我本身的一个实际的“问题”形式或表现，而他为得到一个“解答”所做的斗争也同生与死的斗争是同样痛苦的。如此，就学生而言，这个公案变成了生活的关键，是生命唯一而主要的关怀之事。他面对这个公案，实际上乃是直接、立即而燃眉之急地面对他自己的困境。而由于不能处理它，他就真正像“吞下了火球而不能立刻吐出来那样感到五内俱焚”。

和尚或学生在没有达到“决断”之前，常常拒绝去见禅师，这是原因之一；而有时在参禅的会晤中，甚至要打着、拉着、拖着才肯去的，有一次甚至要四个和尚把他抬出禅堂去见禅师。

禅师坚持要对公案提出解答，绝不是出自任何由外在而来的权威。相反，一个真正的教师乃是受苦的自我最终实现的体现。他对公案要求解答，乃是自我要求自我提供解答。学生拒绝去见禅师，乃是自我拒绝去见那已完成无上成就的自我，因为那个自我给他无所遁逃的镜照。不去见禅师，至少可以暂时不必用完全的与不妥协的诚实去面对那内在的挣扎与要求谐和的命令。由于以前的许多次的参禅，自我所做的努力与企图不论是片面的或虚妄的，都被斥责回来，现在，自我努力要躲藏在隐蔽处，不敢把已经半裸的自己呈现完全的裸露窘状中。因为把自我做如此完全的裸露，乃是对它本身存在的一个威胁，甚至会使它有疯狂或死亡的危险。

用更为与禅相近的说法，自我被否定了和剥除了每一种其他方面的作用之后，现在是用牙齿咬着树枝挂在悬崖。然而，尽管处境是这般艰险，只要它能咬住，暂时还是可以存活下去。设若在这种境况下，自我被迫要在禅师身上真诚地去面对它的自我，并接受强迫性的命令："说，快说！"则它真正面临了必死决心的命令。而且，它也了解，设若在禅师的命令下他待着不动，不做回答，则它甚至连牙齿也不准用了。当然，它也感觉到，终要有一刻它必须如此做，这是绝对必需的，但是在目前，它却无法去承受。

禅师的这种否定与剥夺作用并不是一种虚无性的否定。禅师所剥除的是自我作为一个主体所得以当作客体来攀附和对待的。这也包括那些使自我得以做有限的实现的种种内容。因为就自我作为主体而言，只要它还是一个客体，或者还攀附着一个客体，它作为自我的内在冲突和困境就仍继续存在。因此，现在的目标就是把一切客体因素剥除——包括本身的身体——以便把自我的这种主客二元结构打断并赤裸地展现出来。自我没有了客体，就不再是主体，因此也不再能维持自己。然而，禅正是要把学生逼到这彻底而基本的地步，并且，像一位近代的禅师那般提出这样的挑战："不用嘴，不用心，不用身体，现出自己来！"

被逼到这个极端，学生的挣扎与寻求开始改变。他的坐禅，原来是把公案当作一个客体而去集中他的注意力，去与之争斗的，到了现在却剪除了这客体化的公案以及它的一切内容，因此，他的坐禅已经没有客体对象了。这不过是这个历程的顶峰，这个历程的开始是公案在学生的内在产生效力，而终致浸透他整个存在。由于外在性越来越少，一般的沉思或默想也就越来越无效，终致一切客体层面都完全剥除了。然而，这个公案却仍旧是存在着，没有解决，而禅师也坚持要求自我提出答案。

就公案而言是如此，就自我本身而言亦是如此。自我处在它实存的困境中，既不能建造它，又不能忍受、放弃或逃避它，既不能向前，又不能后退，又不能稳定站立。然而它又被逼着非得移动，非做解答不可。在彻底被剥夺了一切力量、内容、根源与能力以及它自己本身之后，它还是要面对禅师的命令：现出自己来。在这种困境之下，自我经历着极端的无用与无助感，这种感觉通常是要导致自杀的。但在禅宗，这种焦虑却不会产生这种全然的无助感。

禅弟子的处境和一般导致自杀的处境是不同的，因为禅弟子有禅师作为他的活榜样，使他确定他的问题可以获得解决，禅师表现着由最后的谐和而产生的真诚的爱与悲悯，他不仅经由这个爱来支持学生，而且由他本身的生命使学生得到鼓励与肯定。学生似乎可以察觉到禅师就是他自己，并且甚至更甚于学生自己。学生也同样感觉到禅师像他自己一样经历着这折磨苦痛。如此，就学生来说，禅师乃是学生自己的生命充分实现之后所产生的权威、肯定与爱。

另一方面，就禅师而言，学生又同时是禅师本身，因为禅师由于他的爱与悲悯，必然会投入学生最内在的冲突矛盾中。他要探入创伤的中心，赤裸裸地触及它，然后才能痊愈。

然而，自我的痛苦与焦虑并不是直接从创伤与冲突而来，而是来自作为负伤者的自我。从外在被否定了一切客体内容，这个自我在内在里却仍旧不是无主体的，因此也就不是真正无客体的，它仍旧攀附着。然而，一旦它变成了根本的冲突本身，则这冲突就能自己支持它自己，而在自我外缘的那些冲突就被遗留在后面。

因此，禅宗最初的目标就是要逼使整个自我——身体上以及精神上——去成为这个彻底的冲突矛盾，或者说去成为“大疑团”。

这个“大疑”或“大疑团”也就是在自我意识中的自我的全然而内在的困境。公案——以及坐禅、摄心和参禅——的最初用意是要将自我激起，使它不仅是忍受那冲突矛盾，而是实实在在地成为那活生生的冲突矛盾。

为了自我能于自我处真实，它必须认清它最终的界限——不是以外在的诸种失败与不可能性来认识，而是从它内在二律背反的结构。自我一向是一个客体指向主体，现在，要让它确实认识到它的界限，则它的客体指向的一切内容都务须被剥除、否定。当这个自我无法再做更进一步努力离开自己转向外在事务，它于是就经历着内在的变形，它不是作为一个主体而在反省中把自己当作客体来认识，而是彻底变成那根本的冲突矛盾。只有当它充分变成了这个冲突矛盾，它才是无主体、无客体的。因为只有当自我意识成为这个核心冲突矛盾，才被掌握住了。现在它不是流体的了，不是受限制的主体了；它现在是无主体、无客体的，是整个的、固体的、实存的一团。

然而，这却不是婴儿的前自我意识状态，也不是白痴的发育不全的自我意识，也不是“狼孩”的发育延迟的自我意识，也不是精神病者已经损坏的自我意识，也不是被麻醉者麻木的自我意识，也不是不省人事者的昏沉自我意识，也不是无梦的睡觉时的沉寂的自我意识，也不是催睡状态下被搁置起来的自我意识，也不是昏睡时的停滞的自我意识。这宁可说是自我意识本身，在它自身的彻底冲突矛盾中，并且也就是这个彻底的冲突矛盾，是未受变动的自我意识本身。它既非空白，又未把自己消除。它没有主客区分、自己与非自己的区分，它又绝不是滞呆而无生气的。事实上，它是极其敏锐的。再者，由于尚未解决，它的斗争继续着，不过已不仅是以自我而行。自我已经变成了公案，而两者都已变成了斗争与“集中”，变成了“大疑团”，变成了既无主体又无客体的根本冲突矛盾本身。

这是一个彻底为自我的自我。不再是主体或客体，它现在既不能欲求又不能做企图。这时与一般自杀前的似无助状态是不同的，因为现在是实存的极度无助自身，在其中连自杀都是不可能的。只要作为主体的自我还能够采取一项行动，哪怕是自杀，它就仍然不是真正的无助。

同样，自我乃是这根本的冲突矛盾，是这个根本的冲突矛盾构成真正的困境、真正的死路、真正的价值虚无与意义虚无、真正的“无出路”。这是自我在被剥除了一切幕帷与外皮之后彻底而绝对的困境，这乃是最终的根本否定。

这个根本的否定，是一个必需的步骤，但它并不纯是消极性的否定，它不是最终的目的，而是一个预备条件。这还仍旧不是解决或实现。成为“大疑团”——在根本上成为根本的冲突矛盾——并不是最终的目的。

自我由于不再是主客冲突的自我，因此，作为这种主客冲突的自我便消除、失去力量、不动。它的无主体与无客体情况，乃是将枷锁与阻碍全部撤销，因为在这种枷锁障碍中，主客体完全陷在二元对立的束缚中，互相做无望的纠缠与妨碍。但现在这种消极的无主体与无客体、无心、无体，仍旧是不够的。不用身体，不用口，不用心，却仍旧需要表明自己。根本的冲突矛盾或“大疑团”仍旧需要彻底而根本的破除与解决。

然而，只有当这个临危状态的“大疑团”已经实现之后，才能够把它根除。就是在这种最为紧张、最为微妙的状态中，某件日常生活中的事情，或者禅师的某一句话、一个动作、一个姿态，突然激起基本而革命性的大动乱，而根本的“大疑团”即刻破除，并同时豁然洞开。

正如在自我意识中的自我既是一个行为又是一个事实，它的突破与解决也具有行为和事实的性质，但其程度却已不是相对的，也不仅是属于作为自我的自我。因为，即使当它是那根本的“大疑团”时，它已超越了平常的自我意识。当它是“大疑团”时，虽然主体与客体，自己与非自己仍是消极性地未加区分，它却已囊括了整个存在领域，包括存在与非存在之分本身。就以它是根本冲突矛盾而言，它是存在的深渊，或者更确切些说，是存在与非存在的二律背反的深渊。但从消极上说，它虽然是冲突矛盾与深渊，从积极上说，它又是根本－核心，即是基本与渊源。

从自我去趋近它，这个核心乃是最终的极端与最后的界限，是这个冲突矛盾——这乃是自我意识——的最内在的中心。就以实际上做了这个核心而言，自我已经消费了，但仍未完全销蚀。就以它仍旧以它自己本身为这个根本核心——尽管已经耗尽——它仍旧以消极性的意义为这个根本——作为根本界限、根本阻碍和根本困境。如此，自我只是“犹如死”。然而，当这个消极根本核心突破、根除并反对它自己，则自我就真正“大死”一番，而这又同时是大生与“大悟”。

“大死”是自我在彻底的否定中对它自己死去。这并不是虚无性的毁灭或投入空虚或空无之中，而是突然的根除与转向，是突破与驱散那冲突矛盾与深渊。对这根本否定的否定，其本身乃是肯定的。这消极的消散同时又是积极的解决。在自我意识中的中心冲突矛盾中自我将自己否定为自我，因着这种否定而积极肯定地达到解决与实现。在自我的死亡中，它诞生为作为真我的真我，并觉醒为作为它真我的真义。

再一次要强调的是，这根本冲突矛盾并不是形而上学或本体论的假设。它是最为急切的一个事实。因此，它的突破与转向它自己也是一个具体的事实。自我在作为这个根本核心冲突矛盾的突破与消散的同时，又直接立即得到了合一与完成。原来受限制受阻碍的最终界限，现在成为自由作用着的原本渊源与最终的根基。它现在已不再以原先自我意识中的根本冲突矛盾为中心，而却以它的真我根基与渊源为中心。根本界限、回转与转向自己，变成了根本渊源与根本基本。根本核心的这一个彻底的、天变地异的根拔、转向与回转，在禅宗被称为“悟”。

悟的突破以及在根本冲突矛盾中的自我消散，乃是自我或根本向它真我的根本渊源的觉醒。向它真我的觉醒，同时又是真我的觉醒。从核心冲突矛盾的“大疑团”中的自我意识来看，全然的突破、分解与死，乃是向真我的觉醒与开启。但从相反的方向来看，向自己的觉醒与开启，乃是真我本身的觉醒与开启。实际上，这就是自觉：那被唤醒的乃是那觉醒的，是那因此觉醒的，是那对之觉醒的。它是行为又是事实，同时又是它的真我的根本、根源，先于行为与事实。

作为既非动态又非静态的根本与根源，它却不是死寂的同一性，或空虚、抽象的普遍性或一体性。同时它也不是单纯的非二元性，或“恶平等”。虽然它的真我是根本、是渊源，先于静态与动态，它却不滞留于它的真我之中，而是永不停息地将它的真我表现出来。事实上，在向它的真我觉醒之后，它认识到，在二元矛盾中作为主体的自我，其本身的主体性最终还是从它的自己所发源出来。同样，自我欲克服它的疏离与隔离，并完成它自己的渴望，其最终的泉源也正是它的真我。由于从它的真我分裂了，它渴望着并寻求着回返它的自己。处在具有又不具有它自己和它的世界的矛盾中的自我，实际上，其困境就是具有又不具有它的真我。

在当初的自我意识中，作为主体的自我不但同它自己被分离开，并且同作为客体的它的世界被分离开，因此，它是同它自己的根本与渊源被切断了。它的个体性从内在里被分割时，从外在被孤立时，是掘了根的，因而是无法维持的。这样一种个体性，从里面被撕裂，从外面被分离，对它自己的渊源是陌生的，它就永远不能真正地知道或肯定它自己，因为它永远未曾真正是它自己或具有它自己。只有对作为自我的自己死去，并向作为真我的真我觉醒，它真正的、自律的个体性才确实第一次实现。它不再仅是自我了，从此以后，可以将它称为真我-自我，或自我-真我。只有当那活生生的根本冲突矛盾突破之后，并在根本上对它自己死去，在解决与实现中觉醒于真我，在自我意识中的自我主客二元结构的困境才能根本消除。作为自我的根本的真我，最后终于脱离了一切内在、外在二元对立的分裂。现在它已不再从未解决的、分叉的核心的深渊来挣扎着去“做自己”，现在它是它的真我，并且是从它的真我源流出来，而这个真我既是作为主体的它自己，又是作为客体的它自己的源流。

现在已不像当初的自我意识中受限制的主体性，它已不再是受客体所约束阻碍或被剥夺的主体。同时主体与客体也不像在“大疑团”状态中互相停留在它们冲突矛盾的二元性的深渊中。在这冲突矛盾的核心中被根除与倒转，它们自此植根于它们最根本的根源中，并以此根源为中心。它们已经是超根源和超中心的，它们已不再陷于互相的矛盾中，而变成了那个渊源的自由流动的表现。

从它的真我的根源来看，正是这种从它的真我所出的自由与不断的流动才是它向它的真我之不受阻碍的回返，这个回返虽经由时间，却是在永恒中。真我表现乃是如此：表现的是被表现的，是经由它而表现的，是将它做表现的。

从觉醒的主体来看，由于它是它最终的根本展现，它乃是纯粹的或无条件的真我主体，正如同它的客体是纯粹的或无条件的真我客体。正如主体是它的真我表现与运作，同样，客体亦是它的真我的表现与运作。由于是纯粹的、无条件的主体与客体，主体就是客体，客体就是主体。它们的二元性，不再是冲突矛盾或二元的，而是合一的非冲突矛盾的、非二元的二元性。在无条件的主体性的绝对自由中来去无碍，主体照见客体并被照见，正如客体照见主体并被主体所照见。鉴照的是被鉴照，是从它而被鉴照的，是在其中被鉴照的。自我、自我意识和它的主客二元结构，现在变成超根源的、超中心的，并且彻底变形，现在是非冲突矛盾的、非二元性的自我－真我，或真我－自我。

作为自我的渊源，真我－自我既是有形的，又是无形的。它是无形之形。它是无穷尽的根本，没有任何确定之形，而它的无形也不是一个确定的形式。既非理论性的，亦非抽象的，这个无形真我乃是一切形的源泉。由于无形，它乃能够在实际的存在中产生一切形式，将它的真我表现于一切形式，并且是一切形式。

在它觉醒的真我－认知中，在它真我－自我的实现中，它是并且具有真我－自我的形式。然而，就以它为根本渊源而言，它永非真我－自我的单纯形式。在空间中，它自己与非它自己是它的形，在时间中，自我－真我乃是它的存在与非存在。确实，它是已实现了的忘我，超乎它自己与非它自己，超乎它的存在与非存在。它可以以无条件的肯定来肯定："我是"与"我不是"，"我是我"与"我不是我"，"我是我因为我不是我"，"我不是我，因此我是我"。事实上，无条件的真我肯定乃是无条件的动态真我－肯定－否定，或真我－否定－肯定（这可以说是爱的本性或道）。

况且，由于它在真我中统一和完成，它乃是他者，正如他者是它的真我。它自己和其他存在只是主体与客体的二元性的一个面向，正如它自己是它的真我的一个展现，同样，他者也是它的真我的一个展现："我是我""你是你""我是你""你是我"。

就以主体与客体、自己与他者而言是如此，以它自己与世界而言亦是如此。"当我看到花，我看到我的真我；花看到我的真我；花看到花；花看到它的真我；我的真我看到我的真我；它的真我看到它的真我。"

此处乃是在无上的活动与实现中活生生的与创造性的爱，无尽地表现着它的真我，无尽地表现着那被表现者。表现者即是被表现者，是与之一同表现者，是为之被表现者。只有此处才是主体、客体，它自己，他者，世界与存在的整体而无条件的肯定，因为只有此处才是真我的整体而无条件的肯定，是被真我并经由真我而肯定真我为真我－自我。

现在，它就是父母生他以前的"本来面目"了，并且知道了"本来面目"。现在它看到了"无"，听到"一掌之声"，并且又以"不用体、口、心"而表现它的真我。现在它悟到"在烧成灰，散尽后"它是谁，在何处。

这是人类存在在越过了它当初的自我意识的实存冲突矛盾之后所完成和实现的。这是人最后终究实现为人，充分展现的是他的真我与他的世界，并具有他的真我与他的世界，能够"改变山河大地，将它们变为（自己的）真我”，并“改变（自己的）真我，将它变为山河大地”。[①]

这乃是就我有限的了解中的禅与人类处境的关系。

① 参看铃木大拙：*Living By Zen*, pp.26—27。

附录一

对话铃木大拙

禅

这次会谈的节目制作人金纳（Robert Emmett Ginna，Jr）在访问结束之后感叹道："我发现铃木博士是个圣人。"

对于禅宗，铃木博士那种绝不妥协、满含诗意，且具有深度宗教性的解释，在他的追随者看来，实在是灵性与智慧的双重挑战。从这篇短文里，也许我们还不能全然领会那浑然无我的境界，但我们无疑会发觉，这里所谈的禅的神秘主义，和甘地的哲学思想有相当的近似之处。

同铃木博士谈话的是麻省理工学院哲学教授休斯顿·史密斯（Huston Smith），他曾一度遁入禅寺，专心潜修禅学。

史密斯：铃木博士，佛陀死后所遗留给后人的，究竟以什么最重要——是那些诲人不俗的讲词，还是他那堪为典范的人格？

铃木大拙：当然是他的人格。每次讲道自然也都是人格的表现。当他濒近寂灭，他最后所说的是："当自求解脱，切勿求助他人。"这便是他的最终遗言、最后训示。

史密斯：这岂不意味着人世上并无恩典，并无来自天上的救赎？

铃木大拙：这正是上座部佛经复述佛陀的临别训词时所说的——没有恩典，没有外力的救赎。如果有所谓救赎的话，那救赎也只有来自自己本身。

史密斯：你提到了上座部，那意思是说佛教里还有派别的不同。佛教分裂过吧？

铃木大拙：是的，是的。每一个宗教都不免如此。不过禅宗却是一切佛教宗派的根基。

史密斯：让我们来谈谈你学禅的经过吧……你什么时候才下决心终生研究禅学？

铃木大拙：你说研究，但这和研究一种科学或什么别的东西是不大相同的。一种宗教性的冲动，宗教性的自觉心理，总是自自然然地浮现……而除非你心中的疑难能够得到解答，有所归属，你的心便不可能再感觉宁静。

史密斯：你是不是天生就禀赋了宗教性的冲动？

铃木大拙：并不是天生的。它是后来才觉醒的。

史密斯：它什么时候在你身上觉醒？你还记得吗？

铃木大拙：啊，这我倒不能说得很清楚。不过开始有这种倾向应该是在十六七岁吧。从那时起，我一直追求着如何把我的宗教热情安定下来。

史密斯：嗯。你费了多久的时间？

铃木大拙：好几年后我才感觉安定下来了。但我一旦有了自己的证验，便有一股强大的欲望在我身上觉醒，要我把这些传播出去，告诉别人。

史密斯：你曾经正式上过大学吗？

铃木大拙：没有。我本来应该在一所大学里接受教育的，但我不太在意他们教导学生的正式课程。我自动退学了——像个不良少年，我想，后来我就进入一座禅寺，与世隔绝。

史密斯：你留在那里多久？

铃木大拙：那至少也有七八年。

史密斯：当你决心——像你所说的，当你寻得了自己的答案，经历那美妙的体验，而决心把这件事传播出去时，你是不是马上就选择了西方作为你传播的地方？

铃木大拙：不，没有这回事。直到我第一次访美，我才有了那样的决定。那差不多是六十年前的事。我发现西方世界对东方民族的想法和感觉十分无知。在一个美国的小镇待了十一年以后，我回到日本。这时我才发现，日本式的生活，事事物物，在我的眼前都有了截然不同的意义。

史密斯：比如说，什么？

铃木大拙：日本所特有的东西——就像茶道、花道、绘画或者诸如此类有意思的东西。

史密斯：所以便有一种感觉，觉得日本生活里西方闻所未闻的这些面向是有价值的？

铃木大拙：不错，正是这样。

史密斯：所以，从那时起，你更决心要献身致力于向西方解说东方，特别是佛教里的禅宗？

铃木大拙：是的，尤其那些我们可以说是源于禅宗对生命的了解而发展出来的各种艺术。

史密斯：关于禅宗的英文著作，你的书是最早出现的吧？

铃木大拙：不止禅宗，还包括了佛学的概论，以及佛学的源流。

史密斯：我很想知道，关于西方为什么对禅宗发生兴趣，你有什么意见?

铃木大拙：我想那大概是因为西方已经在我们称作科学的研究里走过头了。科学研究追求着一种确切的方向，而东方的思考方式则正相反。

史密斯：禅宗是怎么开始的?

铃木大拙：相传禅的开始，是在一次法会上，佛陀正在讲道的时候。他的一个弟子拿了一枝花献给佛陀。佛陀接过了它，一句话也不讲，只是拿着它遍示众人。没有人知道佛陀的意思是什么。但是当佛陀环顾众人的时候，他注意到有一位名叫迦叶的尊者对着他笑。佛陀也笑了。他说："我有一个宝贵的东西，托付给你。"禅便这么开始。

史密斯：那么，在这一笑里便包含禅的一切胜境了?

铃木大拙：并不是微笑本身，而是佛陀的托付和迦叶对佛陀真正意味上的了解。如此一来，佛陀的心灵便和其弟子的心灵合而为一了。

史密斯：绝对的同一。

铃木大拙：这个嘛，我倒不敢说。但是如果我们要勉强去解释它的话，也许可以说是同一——是一种相合，即两个心灵间的某种融汇。

史密斯：禅的胜境就这样子从佛陀的心里传到这位弟子的心里。这实在是很脆弱的一回事。

铃木大拙：事实上，一点也不脆弱。你对我说话，我回答你。这是脆弱吗?

史密斯：只有迦叶亲闻（亲见）佛陀的"拈花授法"。理论上，每一个禅师的心灵和情境都应该和他相同——都该是他的精神弟子。

铃木大拙：不错，如果我举起一根指头而你微笑，这时禅便在我们之间传递了。

史密斯：当你遇到一个参悟的人，你如何去认出他呢？

铃木大拙：我想，禅宗在心理上与其他宗教教义，以及其他佛教宗派的教义不同之处，即在它对无意识的察觉，不即不离，若即若离。以形而上学的观点言之，“有限”原是“无限”，“无限”原是“有限”。若你真能“理解”这点，你便了解禅了。

史密斯：铃木博士，你说过禅宗的道德特征是“即”与“离”，这是什么意思？

铃木大拙：这在禅宗里是很重要的部分。在现实生活里，只要我们还活在这物理世界里，我们便免不了和某些或好或坏、或美或不甚美的东西有所联系。但是在《圣经》里我们可以读到（可能是在保罗的一封书信里）：“我们活在这个世界里，但不属于这个世界。”这便表达了既即又离的理念。所以，只要还活在这相对性的世界，我们只有依附着对现实的双重看法。

但是在这相对性世界的另一面，我们有一个不再是相对性的世界——那个世界我或者可以把它称作彼岸。在那个世界里，绝无执着依恋，那里无善、无恶、无罪、无丑。白莲虽长于污泥之中，但当它伸出了水面，那花会是多么的美丽！

史密斯：依你看来，禅宗所用的是什么方法？

铃木大拙：就拿挂在那儿的“大日如来像”来说吧。依我看来，“大日”所代表的就是“佛性”。大日或称毗卢遮那，是真言宗所供奉的。大日如来纹风不动。他一点也不动，他只是静静地坐着，亘古宁静。

在我们每个人身上都有着“佛”或“佛性”，存在于那永恒的实体里。而去接触或去成为这佛、这佛性、这大日……那便是禅所竭尽心思引导我们去做的。也就是说，我们必须去接触这佛性，这万佛之源。一旦我们到达这一点，我们便能理解存在的意义，人生的真相。

当禅宗提到“无明”和“悟”的时候，“无明”指的是我们自身心智的造作，而“悟”代表的是无明之雾散尽以后的心境。要驱散那障眼的云雾，必须使用某种方法，禅宗所教的便是这种方法。

史密斯：你曾说过，每一位追寻者的心情都免不了要经历一段时期的纷扰不安。而就像你方才提起的，我相信当你年轻的时候——差不多十七八岁时——你也有过这种纷扰的心境。那时你在禅寺里到底用了什么方法才求得解脱。

铃木大拙：这就牵涉到意识的问题了。我们的意识总是这样子——起伏不定，从不安宁。但是若想达到那境界，若想明心见性，这些意识的波涛必须设法平静。那便是说，它们必须变得像个宁静的汪洋，无波无浪。或者，像经典里说的：“像繁星映照在汪洋上，镜也似的海洋。”那是必要的。为达到这种心智的安宁，为了去体现它，我们使用“公案”。公案是一种只能体会而不能用理智解释的问题。

史密斯：你能为我们举一个例子，说明公案是怎么作用的吗？

铃木大拙：大概可以这么说，公案的用意，是要阻止每一个想用理智解答问题的尝试。他们有时说，公案就像一根莫名其妙的铁棒——一根丢掷在我们面前的铁棒，硬要我们说它有什么意思或它是什么。

我举另一个例子。赵州是唐朝的一位大禅师。一个和尚问他，狗是不是有佛性。事实上，佛性被认为是我们每一个都拥有的——

不只是人类，还兼及众生，无情与有情（没有知觉的和有知觉的）。所以，那个和尚的想法是，既然万有之中皆有佛性存在，一只狗必然也有佛性。但是大师却否认这点，他说“无”。

史密斯：啊，你要怎样处理这个公案？你会怎么做？

铃木大拙：那位弟子很可能会绞尽脑汁去思考它。

史密斯：是吗？

铃木大拙：既然万物都有佛性，一只狗必然也有佛性。大师的答案为什么却是否定的？所以，那个弟子便会以逻辑的或辩证的眼光来探讨它，他可能会说“是”就是“否”，“否”就是“是”；“有”就是“无”，“无”就是“有”。这个弟子可能会用这些话来回答大师。大师自然要一一回绝。经过几次回绝之后，这个弟子再也没有办法去理解大师了——在理智上一点办法也没有。弟子被迫——我们可以说，有点人工地——走进一个僵局，一条死路。他放下了他的自我。那就是说，他抛却了他整个的存在。这时他便达到了那意识的安宁境界。

公案带来了那种心境。当万有俱寂之时，有些事情发生了——一个浪花出现了。

史密斯：你的意思是说，当心情达到这么深沉的安宁之时，某种刺激却是必要的？

铃木大拙：当那种情境达到之后，某种东西浮现。这种浮现，这种东西，都必须经历。

史密斯：这种浮现，是不是会使人回到现实世界里？

铃木大拙：是的，那是，当这个阶段到达之时——你便会听到它。一个声音，唤醒了一个人。一般而言，那总是和感觉世界有关的。一般以为佛陀见辰星而悟道，而有人则是听到敲门的声音。

史密斯：或者破瓦打到了翠竹？

铃木大拙：对的，正是这样。

史密斯：而当这个弟子达到了这种深沉宁静的境界——透过了这纤微的、生动的感性经历——以一种清新的眼光，前所未有的凛冽心境重回到尘世里。

铃木大拙：是的，那有所领悟的片刻——那是很重要的。

史密斯：我待在禅寺里的那一周是我有生以来肉体上最受苦的一周，我要说精神上也是如此——睡得很少，差不多每晚三四个小时，最简单的食物……如果有人在沉思之时昏昏欲睡，便会猛然被打醒。我对这种地方的严厉实在很觉惊奇。这在训练上是必要的吗？

铃木大拙：那多少有些不自然。那并不是必要的。如果你不靠任何外力自己趋入那走不通的死巷，当然更好。

史密斯：那么，铃木博士，这些方法合起来终于带你进入一种唤做“悟”的特殊体验。那是什么样子的？是不是和你一切其他的经验全不相同？

铃木大拙：悟的体验是一种整体的感觉。

史密斯：感觉每一件事？

铃木大拙：不是每一件事。如果你说“这个，这个，这个”——那只是在计量——我们可以说，只是一系列的整体经验。但是悟的体验是某种整体感，不是一个接着另一个，却是先验地感觉，整个地体会这“整体”。这种感觉不是我们所谓心理学上的感觉，而是某种更根本的体会。那是一个意识到自己的“我”——不是以主体或客体的身份，而是以“我”为“我”去领会。

史密斯：所以对禅的心领神会将为个人的生活带来前所未有的

自由？

铃木大拙：不错，这正是我的看法。有些精神分析学家以为自由是自发的，只是去“做你所爱的事”。这纯然是一个大错误，我们必须小心防范这种看法。

禅宗的特色是：喜纯、诚挚与自由。许多想研究禅宗的人，对自由有很大的误解。他们以为自由是纵情放任或不顾道德。但是真的自由，我愿说，是照着事物本来的样子去看它们，是去体会万有的“本来面目”。那才是自由。

史密斯：铃木博士，墙上挂着一幅有名的日本画，画的是一个和尚对着月亮大笑。

铃木大拙：是的，是的。

史密斯：这是不是表达了禅的感受？如果是的话，到底是什么意思？

铃木大拙：那又是要讲一个故事，可以吗？

史密斯：当然。

铃木大拙：关于墙上这幅画有一个故事。有一个禅宗大师，有一天晚上看到月亮从云里冒出来。他开怀大笑。寺院周围的村民们——我该说多远呢？差不多方圆十里之内——都听到他的笑声。村民们惊讶着声音来自何方。他们一路寻找，来到了禅寺。那时他们才发现昨晚的笑声是禅师看到月亮而发出的。图画画的就是那一幕。不论一个人笑得多么大声，声音也传不了一里远。但是当一个悟禅之人大笑，它震撼乾坤——何止五里、十里、二十里。那种情形，便是自由及自由的生活。

（林克明 译）

附录二

临济录（原文）

禅

1

明知是光影，大德，你且识取弄光影底人，是诸佛之本源，一切处，是道流归舍处。是你四大色身，不解说法听法，脾胃肝胆，不解说法听法，虚空不解说法听法。什么解说法听法，是你目前历历底，勿一个形段孤明，是这个解说法听法。若如是见得，便与祖佛不别。但一切时中更莫间断，触目皆是，只为情生智隔，想变体殊，所以轮回三界，受种种苦。若约山僧见处，无不甚深，无不解脱，通流心法，无形通贯十方，在眼曰见，在耳曰闻，在鼻嗅香，在口谈论，在手执捉，在足运奔。

2

道流，即今目前孤明历历的听者，此人处处不滞，通贯十方，三界自在，入一切境差别，不能回换，一刹那间透入法界，逢佛说佛，逢祖说祖，逢罗汉说罗汉，逢饿鬼说饿鬼，向一切处游履国土，教化众生未曾离一念，随处清净，光透十方，万法一如。

3

如何是真正见解？师云，你但一切入凡入圣，入染入净，入诸佛国土，入弥勒楼阁，入毗卢遮那法界，处处皆现国土，成住坏空。佛出于世转大法轮，却入涅槃不见有去来相貌，求其生死，了不可得，便入无生法界，处处游履国土，入华藏世界，尽见诸法空相皆无实法。唯有听法无依道人，是诸佛之母，所以佛从无依生，若悟无依，佛亦无得，若如是见得者，是真正见解。学人不了为执名句，被他凡圣名碍，所以障其道眼，不得分明。只如十二分教，皆是表显之说，学者不会，便向表显名句上生解，皆是依倚落在因果，未免三界生死。你若欲得生死去住，脱着自由，即今识取听法底人，无形无相，无根无本无住处，活泼泼地，应是万种施设，用处只是无处，所以觅着转远，求之转乖，号之为秘密。

4

唯有，道流，目前现今听法底人，入火不烧，入水不溺，入三涂地狱如游园观，入饿鬼畜生而不受报。缘何如此，无嫌底法。你若爱圣憎凡，生死海里沉浮。烦恼由心故有，无心烦恼何拘，不劳分别取相，自然得道须臾。你拟傍家波波地学得，于三祇劫中终归生死，不如无事向丛林中，床角头交脚坐。

5

道流，你祇今听法者，不是你四大。能用你四大。若能如是见得，便乃去住自由。约山僧见处，勿嫌底法。

6

如今学道人，且要自信，莫向外觅。总上他闲尘境，都不辨邪正。

只如有祖有佛，皆是教迹中事。有人拈起一句子语，或隐显中出，便即疑生照天照地，傍家寻问也太忙然。大丈夫儿，莫只么论主论贼，论是论非，论色论财，论说闲话过日。山僧此间不论僧俗，但有来者尽识得伊，任伊向甚处出来。但有声名文句，皆是梦幻。却见乘境底人，是诸佛之玄旨。佛境不能自称我是佛境，还是这个无依道人，乘境出来。若有人出来，问我求佛，我即应清净境出，有人问我菩萨，我即应慈悲境出，有人问我菩提，我即应净妙境出，有人问我涅槃，我即应寂静境出，境即万般差别，人即不别。所以应物现形，如水中月。

7

道流，切要求取真正见解，向天下横行，免被这一般精魅惑乱。无事是贵人，但莫造作，只是平常。你拟向外傍家求过，觅脚手，错了也。只拟求佛，佛是名句。你还识驰求底么？三世十方佛祖出来，也只为求法。如今参学通流，也只为求法。得法始了，未得依前轮回五道。云何是法？法者是心法。心法无形通贯十方，目前现用。人信不及，便乃认名认句，向文字中求意度佛法，天地悬殊。道流，山僧说法，说什么法，说心地法，便能入凡入圣，入净入秽，入真入俗。要且不是你真俗凡圣，能与一切真俗凡圣，安着名字；真俗凡圣与此人安着名字不得。道流把得便用更不着名字，号之为玄旨。

8

大器者，直要不受人惑，随处作主，立处皆真，但有来者，皆不得受。你一念疑即魔入心；如菩萨疑时，生死魔得便。但能息念，更莫外求。物来即照。你但信现今用底，一个事也无。你一念心生三界，随缘被境分为六尘。你如今应用处，欠少什么？一刹那间便入净入秽，入弥勒楼阁，入三眼国土。处处游履，唯见空名。

9

道流，实情大难。佛法幽玄，解得可可地。山僧竟日与他说破，学者总不在意，千遍万遍，脚底踏过黑没焌地。无一个形段历历孤明，学人信不及，便向名句上生解。年登半百，只管傍家负死尸行，担却担子天下走，索草鞋钱有日在。大德，山僧说向外无法，学人不会便即向里作解，便即倚壁坐，舌拄上颚湛然不动，取此为是祖门佛法也，大错。是你若取不动清净境为是，你即认他无明为郎主。古人云，湛湛黑暗深坑，实可怖畏，此之是也。你若认他动者是，一切草木皆解动，应可是道也。所以动者是风大，不动者是地大，动与不动俱无自性。你若向动处捉他，他向不动处立；你若向不动处捉他，他向动处立，譬如潜泉鱼鼓波而自跃。大德，动与不动是二种境，还是无依道人，用动用不动……如有出格见解人来，山僧此间便全体作用……大德，到这里，学人着力处不通风，石火电光即过了也，学人若眼定动即没交涉。拟心即差，动念即乖。有人解者不离目前。大德，你担钵囊屎担子，傍家走求佛求法。即今与么驰求底，你还识渠么？活泼泼地只是勿根株。拥不聚，拨不散，求着即转远，不求还在目前。灵音属耳。若人不信，徒劳百年。道流，一刹那间，便入华藏世界，入毗卢遮那国土，入解脱国土，入神通国土，入清净国土，入法界，入秽入净，入凡入圣，入饿鬼畜生，处处讨觅寻，皆不见有生有死，唯有空名，幻化空花，不劳把捉，得失是非，一时放却……如山僧今日用处，真正成坏玩弄神变，入一切境随处无事。境不能换。但有来求者，我便即出看渠，渠不识我，我便着数般衣，学人生解，一向入我言句。苦哉瞎秃子，无眼人把我着底衣，认青黄赤白，我脱却入清净境中，学人一见便生忻欲，我又脱却，学人失心忙然狂走言，我无衣。我即向渠道，你识我着衣底人否，忽尔回头认我了也。大德，你莫认衣，衣不能动，人能着衣；有个清净衣，有个无生衣、菩提衣、涅槃衣，有祖衣有佛衣。大德，但有声名文句，皆悉是衣变。从脐轮气海中鼓激，牙齿敲磕成其句义，明知是幻化。大德，外发声语业，内表心所法，以思有念，皆悉是衣。你只么认他着底衣为实解，纵经尘劫，只是衣通，三界循环轮回生死。不如无事。相逢不相识，共语不知名。今时学人不得，盖为认名字为解。大策子上抄死老汉语，三重五重，复子里不教人见，通是玄旨以为保重，大错。瞎屡生你向枯骨上，觅作么汁？有一般不识好恶，向教中取意度商量成于句义，如把屎块子向口里含了，吐过与别人；犹如俗人打传口令相似，一生虚过。也道，我出家。被他问着佛法，便即杜口无词，眼似漆突。口如扁担，如此之类，逢弥勒出世，移置他方世界，寄地狱受苦。大德，你波波地往诸方觅什么物，踏你脚板阔，无佛可求，无道可成，无法可得。外求有相佛，与汝不相似，欲识汝本心，非合亦非离。道流，真佛无形，真道无体，真法无相。三法混融和合一处。辨既不得，唤作忙忙业识众生。